小丛书

本书是香港特别行政区研究资助局优配研究金项目（GRF）"1906 年的萍浏醴：辛亥革命前夜的地方社会"的研究成果

秘密社会的秘密

清代的天地会与哥老会

贺 喜 科大卫 著

北京师范大学出版集团
BEIJING NORMAL UNIVERSITY PUBLISHING GROUP
北京师范大学出版社

贺　喜

　　香港中文大学博士，现为香港中文大学历史系副教授，香港中文大学—中山大学历史人类学研究中心主任。主要研究领域为历史人类学、明清史、中国社会经济史。著有：*Lineage and Community in China, 1100–1500: Genealogical Innovation in Jiangxi*，《亦神亦祖：粤西南信仰建构的社会史》《浮生：水上人的历史人类学研究》（合编）等。

科大卫 (David Faure)

　　普林斯顿大学博士，英国牛津大学圣安东尼学院荣休院士。曾任教美国印地安纳大学、英国牛津大学，现为香港中文大学荣休教授。长期致力于历史人类学研究，曾经主持香港特别行政区卓越学科领域计划"中国社会的历史人类学研究"，协作研究金项目"重构西江：明清帝国的建构与土著社会的演变"等重大项目。主要著作有《皇帝与祖宗：华南的国家与宗族》《近代中国商业的发展》《明清社会和礼仪》等。

序：本书的缘起

2014 年，本书的两位作者，参加了由澳门大学举办的"中国与东南亚秘密社会"国际学术研讨会，匆忙间提交了一篇以江西巡抚先福的奏稿为主题的论文。会后，王笛教授向我们提议修改论文并投往他任主编的刊物《中国历史学前沿》（*Frontiers of History in China*）。刊物为研讨会的几篇论文出版了专辑，安乐博教授（Robert Antony）与李榭熙教授为之撰序。在这次会议上，我们有机会与多位研究秘密会社历史的专家切磋请教，深受启发，从而也推动了本书的写作。

我们没有专门研究秘密会社，只是碰巧找到先福的奏折的稿本，在修改论文之前，也是颇为偶然地碰到了江西省泰和县知县徐迪惠的日记。为什么我们感觉这些材料那么重要呢？历史学者时常引用的奏折，虽然是非常珍贵的资料，终究是经过多次修订的文件。从这些稿本和日记中，却可以看到修订过程上的改动。我们多年来从事历史人类学的研究，结合田野与文献，重构历史的现场。在文本层面，厘清修订过程，也可以尽量还原文献的本貌，符合我们提倡的以田野眼光来读文献的目标，所以不揣浅陋、大胆提出我们对于清代秘密会社天地会与哥老会的见解，以请教方家。

　　我们的研究兴趣可以说是从天地会开始。天地会是清史研究的热门题目，相关著作累累如珠。早期的研究以宣传天地会的文献为依据，聚焦于天地会流传的故事，参以《清实录》等官方文献。后期的研究以档案为主。档案不止比《清实录》的记录更为详细，还包括因天地会案件被捕的人犯口供，比《清实录》更直接和全面。在研究内容方面，历史学者大致已经知道了 19 世纪的天地会，从福建开始扩展，蔓延到广东、江西、浙江、湖南、广西、甚至东南亚等地。它是通过个别拜会仪式扩散，背后并没有一个统一的架构。有学者认为它的扩散与广大劳动阶层需要互相保护有关；有学者认为与宗教、尤其是所谓"末世"的信念（就是说，在"末世"会有圣人或神人拯救世界）有关。置于嘉庆、道光朝以降，清政府统治能力没落的背景之下，当然也有很多学者同意广泛反清的情绪是天地会扩散不可缺少的条件。这些说法各有道理，我们提出的见解只是一点补充。

我们的看法，比较注重天地会秘密的性质。当然，所有天地会的研究都认同结拜天地会在清朝是违法的行为，需要在秘密的环境中进行。由于长期以来我们主要的研究是宗族制度在长时段内的发展（从南宋至近代），而天地会是通过异姓结拜来建立兄弟关系，在我们看来，天地会与宗族有很多共同点，是宗族制度的引申。宗族的族谱强调同宗同房，天地会强调在其五祖之下，各地的体系形成"五房"。宗族的活动维系于墓祭与祠祭，天地会的拜会就是模拟在祖庙的牌位下举行结拜。同宗当然同姓，所以，天地会也表示参与者拥有共同的姓氏不足为奇，例如姓洪、姓万。甚至，根据翁同文与庄吉发两位先生的研究，福建异姓拜会的起源，可以追溯到崇祯年间福建漳州大姓暴弱小姓，异姓的小姓以"万"为"义姓"，联盟反抗。

但是，宗族是个以血缘的语言来表达的系统，那么，天地会以什么来代替血统呢？这个问题的答案是"秘密"。"秘密"，不止是逃避政府监控的方式，也是天地会建立社会关系的一个工具。社会学家齐美尔（Georg Simmel，1858－1918）就秘密问题写过一篇文章，提出秘密作为一种社会关系的特别之处。秘密为保有秘密的人所共有、其他人没有的东西，好比血缘。秘密之所以可以维持继续作为秘密，依靠参与者的维护。但是，保存秘密有一个矛盾：秘密还是需要传授，不然维持不下去。所以，传授秘密的时候需要组织、礼仪和符号。以上条件组合起来，有共同秘密的人群，需要有维持秘密的共识。我们称之为"秘密社会的合理化"。在合理化的思路下，秘密使得保存秘密的人订立生存和传承的传统。

这种说法看来很有道理，但是有一个破绽：越多人知道的秘密越不是秘密。血缘没有这个问题。所以我们也怀疑齐美尔的理论是否可以解释秘密社会的存在和发展。从对宗族的认识来看，我们知道血缘（同气一系）只是宗族的理论依据。宗族的创立需要经济和权力关系的维持，宗族也需要它的神话，就是祖宗从哪里来，生了多少男孩，他们怎样分房（派）传承下去。宗族给人以从下往上建构的印象，但是族谱，宗族的文献依据，往往是从上而下叙述的典范。这样说并不意味着地方上没有血缘团体，很多家庭就是血缘团体。但是宗族不是血缘团体，而是血缘团体的联盟。血缘团体的联盟，只需要血缘作为一种理论，或神话。我们怀疑秘密社会也一样。同样，这并不意味着地方上没有以秘密维持的团体（谁是"大佬"可能真的要保密），但是秘密团体的秘密不可能是个很多人知道的故事。当天地会成为一个很多人都知道的故事，它不可能作为秘密社会的秘密，它已经变成一个范本。

天地会既然成为范本，那么范本在哪里被应用呢？这个问题引起我们对哥老会的兴趣。我们不难注意到，翻阅清代的文献，从嘉庆年间到太平天国，天地会的资料频频出现，但是过了太平天国，报纸上还有天地会（多称为"三合会"）在沿海城市与海外活动的报道，但是在内陆省份，包括原来天地会活跃的省份，哥老会取代了它的主导地位。为什么会有这个转变？我们感觉这是历史研究需要面对的一个问题。

天地会与哥老会是许多历史学者做过丰富考证的题目。这本小书的目的，不是重复前人的研究，而是通过这两个秘密会社的历史，探讨秘密的传统和演变的传承，换句话说，就是从秘密到范本的过程。从秘密到"秘密"就是这本小书的故事。

目录

让我们告诉你一个秘密

德国社会学大师齐美尔的社会学很特别。他注意到有些社会关系是由非常简单但是无可避免的物质条件导致的。他对生产关系的兴趣不大。他有兴趣的是更根本的物质条件，比如，两个人之间的关系与三个人的关系之间的分别；陌生人的位置触发的社会改变，他特别关注到在城市发展中人口密度的增加对于社会关系的至关重要的影响。可以说，他开创了芝加哥城市社会学研究的先河。此外还有，秘密在社会关系中的特殊作用。

让我们以简单的方式，归纳他关于秘密的论述：

秘密与社会关系

您以为您认识我，但是您不知道我的秘密。

可能做了好事不欲张扬，

更可能触犯法例需要隐瞒。

您做我的朋友，需要尊重我的秘密。

我给您我的秘密，秘密就是我们两人所有，别人没有的东西。

您把秘密出卖给别人，我们之间再没有这个别人没有的东西。

即使他人进来，我们也没有必要与他们/她们分享所有的秘密。

在秘密前面，人是不平等的，有些人知道更多秘密。

有些知道更多秘密的人，有责任保守秘密，使之继续仍为秘密。

没有我们的秘密的人，也不喜欢我们有秘密。

不知道我们的秘密的人，以为我们的秘密针对他们/她们。

以为我们的秘密针对他们/她们的人，想知道谁知道我们的秘密，

更想知道谁知道更多秘密。

为了保存我们的秘密，我们的秘密需要承传。

传得多了，承传只是一种仪式。

其实，除了怎样做仪式，我们都已经忘记了要保存什么秘密。

他们/她们以为我们有什么秘密，

最后发现我们的秘密就是我们没有秘密。

但是谁都不要说，这是我告诉您的秘密。[①]

齐美尔认为，与他人共有一个秘密，是一种很微妙的关系。有点类似亲属关系。

我们可以把"亲属"关系视为一种基于血缘的关系。"亲属"特别之处，就在于他们、她们之间拥有共同的血缘。共同父母的人，充其量就是几位。共同祖父母的，

可以多几位。多少时候，当人们因为偶然的机缘或者在报纸上，寻找到或联系上从未谋面的兄弟姊妹，往往都有说不出的兴奋。扩大这种血缘的关系的规模，我们也可以明白古人"归宗"的心情。血缘就是亲属共有但是其他人没有的东西，是一条联系他们的纽带。

正如血缘一样，与他人共同隐瞒的秘密也是一条社会关系的纽带。保密的特殊性，好像血缘，由一起保密的人所共有，其他人没有。②

所以，与血缘类似，秘密也可以缔造社会关系、社会团体。秘密会社有自身凝固的力量，通过秘密的仪式，传授秘密的讯息，让会员会面的时候可以用秘密的符号互相认同，秘密会社可以给不止参与者，甚至非参与者它的存在感。秘密会社一旦出现，怎样可以证明它不存在？哪怕什么征兆都没有，又怎么可以知道秘密社会不是在某个暗处秘密地蛰伏着，然后于适当的时候突然出击？

秘密是个好卖点。所以不少书的标题都包括"秘"字:《宝颜堂秘籍》《竜威秘书》《霉疮秘录》《闺门秘术》等。医书好像特别喜欢"秘方",武术家与手工匠喜欢"秘传"。当然,有很多"秘方""秘传"的东西是保密的,需要拜师成为徒弟,师傅才愿意传授。但是,真的所有这些东西一直都是保密的吗?

"秘"有真有假,正如血缘也有物质和认同两种来源。亲属关系也可以通过"过继""收养"一类的习惯成立。在没有 DNA 测试的年代,大致可以说,认同的血缘比物质性的血缘更有决断性。过了几代,谁知道认同的子孙有多少物质的血缘关系?古人不懂 DNA,但是知道祖先与后人同"气"一系,所以家规常常说明不可以收养异姓儿子,甚至从异姓收养的儿子在祭祖时,他的"气"也通不到他拜祭的祖先。当大家都分辨不出真假血缘的时候,家里流传的故事就是认定的凭据,或者也未可知,因为也不是所有人都知悉家庭的秘密吧。

秘密会社的秘密也有真有假。先说真的。

历史学者主要用"秘密会社"这个名词来指代清代乾隆、嘉庆以后的一些非法团体，尤其是天地会。③"天地会"这个名词，作为一个发展着的秘密会社的名称，在文献上最早出现在乾隆五十一年(1786)台湾林爽文起义的时候。林爽文起义后，从被捕犯人的口供中，清政府得知林爽文加入了天地会，也利用天地会的入会仪式(通称"拜会")来招引其他参与者。乾隆五十七年(1792)，"结拜天地会"被视为"反叛"罪，列于《大清律》。④参与天地会既然是犯法活动，当然需要避开官府耳目，参与者不能公开自己或与会者的身份、泄露拜会仪式中的讯息。参与天地会是种秘密的活动，是真的。参与天地会需要通过拜会的仪式，也是真的。

那么，天地会的活动，哪个部分是假的呢？假的部分在于天地会的故事。天地会的故事在以"天地会"为名义举行的活动中相当重要。拜会仪式由这个故事演变而来，由此这个故事的发展也和拜会仪式的演变相关联。拜会的作用是让与天地会还没有关系的人加入天地会，包括向他们传授秘密，比如代表天地会的口诀和手势。

天地会的故事有诸多版本，其梗概大略如下。康熙年间，少林寺一百二十八个和尚，帮助朝廷平定"西鲁番"之乱，到头来，没有得到赏赐，反而受奸人所害，官兵火烧少林寺，只有五个和尚成功逃出。他们走到某处海边，发现一只白香炉，底部写有"兴明绝清"，于是，他们向天发誓，连同徒弟，成为天地会的五房。故事细节周到，生动具体。有曰，某一房在广东开枝、某一房在福建散叶；有曰，在广东一处名为高溪的地方，有座祖庙，供奉盟主万云龙的牌位；有曰，万云龙又名万提喜，亦有法名，洪二和尚；亦有曰，五祖臣服于明朝崇祯皇帝一个儿子，名为朱洪英，甚至结识了曾经追随郑成功的陈近南。故事中最主要的部分有两点：其一，传会的目的是"反清复明"；其二，入了会等于至少在形式上姓了洪。由于"洪"字从三点水，所以他们的暗语手势以三指为准，所谓"举手不离三"。⑤

历史学者已经花了不少文墨考证"西鲁"的历史，最后的结论仍是它是个传说，它可能附会某些历史事件，甚至可能有唐代的历史事件的影子。秦宝琦先生称它为神话，是"后人出于传会需要而创造出来的传会工具"⑥。

顾颉刚先生讨论孟姜女故事的流变时，说："我们可以知道一件故事虽是微小，但一样地随顺了文化中心而迁流，承受了各时各地的时势和风俗而改变，凭借了民众的情感和想象而发展。我们又可以知道，它变成的各种不同的面目，有的是单纯地随着说者的意念的，有的是随着说者的解释的要求的。我们就这件故事的意义上回看过去，又可以明了它的各种背景和替它立出主张的各种社会。"⑦时移势易，故事也顺应转变。天地会的故事亦如是。

但是，哪怕天地会的秘密是维系于一个历史学者所认定的假的故事，拜会却实实在在地把天地会的故事演绎了出来。参加拜会等于承认天地会的存在（天地会若不存在，就没有参加天地会的理由了）。

那么，仪式活动怎样演绎故事？这个问题，我们可以从两方面来考虑，其一，拜会是一种仪式。仪式规定了场地布置，参与者的活动、言语、肢体动作。拜会的时候，会中之人，在祖师面前介绍新招来的成员（"新丁"），同时，他们承诺遵守天地会的规矩。仪式时有增减，多做或少做，并不奇怪。仪式既有实际动作的部分，也有抽象代表的部分。实际上，仪式的确是在具体的时空发生（在世界上的某个时间、某个角落）。但是，在抽象的层面，仪式还可以引领参与者来到幻想的地点，例如天地会在高溪的祖庙，在祖师前发誓。在仪式进行的时候，真与假、虚与实合而为一。其二，仪式的举行不一定有文本；假如有的话，文本可以（也不一定）成为仪式的根据。我们并不知道是不是所有天地会拜会都利用文本，我们只知道组织拜会的人（"传会人"）拿着拜会的文本，在不同的场地召集人群参与拜会仪式。拜会的仪式与文本都讲天地会的故事。通过在不同地方组织拜会，天地会的故事得到传播。同时，不管有没有组织拜会，通过文本的散播，天地会的故事也可以得到传播。⑧

和孟姜女故事一样，天地会的故事"承受了各时各地的时势和风俗而改变，凭藉了民众的情感和想象而发展"。但是，与孟姜女故事不一样，天地会故事的传播是个违法的行为，所以天地会的活动只能秘密举行，天地会的文献也只可以秘密流传与收藏。由于拜会的秘密性，参与过的人一方面得到"秘密"的承传，另一方面也知道拜会是个实实在在的活动，所以他可以非常肯定除了他参与过的拜会之外，还有其他人在其他地方也参与拜会。在拜会时，他所习得的暗语与手势在传授时的目的既然是为了秘密地与会中人相认，那么，暗语与手势本身就是还有其他会众存在的证据。日常中会众隐匿身份，但是他们都是天地会的兄弟。拜会的秘密像一条长链将参与过拜会的人群链接起来。但是，还不止于此，天地会五房的故事，把这个兄弟群体提升到更高的境界。因为拜会来自同一个源流，分支到五省，所以一处拜会的人群与另一处拜会的人群可以视为建立了房派的关系。甲传给乙、丙，乙传给丁，丙传给戊，丁与戊可能互不认识，在原则上仍算师兄弟。以五房算，天地会人众马强。但是，真的有五房吗？也不一定。没有任何资料说明五房在任何地方用任何形式举行聚会。甚至没有任何资料显示五房之间有任何来往，传会的人也没有见过五房。拜会是实在的行为实践，天地会的五房却只是个虚构。

不错，拜会可以比拟中国历史上的"结拜"关系。历史上最富盛名的结拜，莫过于三国时期刘备、关羽、张飞三人"桃园结义"。但是，拜会与"桃园结义"也有很大的不同。刘、关、张不止互相认识，而且在结拜仪式上，三人都在场。天地会每一次的拜会的人数，可能不过是几个人到十几二十人。但是，五房故事把天地会的规模，虚拟到跨省的范围，是个庞大的虚拟架构。

虚与实之间有传会人的存在。最起码，传会人懂得天地会的黑话与手势，能指导拜会仪式的关键部分，尤其是歃血和钻刀（共饮血酒并在刀下钻过）。有些人还藏有天地会的文献，包括发誓的誓词与入会凭证，能够讲讲天地会的来源故事。既然这些都是密传的资料，所以传会人一定是接受了师傅的传授。于是，每一次清政府破获天地会，犯人的供词都会包括：某某人从某地方来，在什么地方传授天地会。当然，这个人的师傅也是得到其师傅的传授。政府官员为了要毁灭天地会就会不厌其烦地追根溯源。官员的假设是既然是传授得来的资料，一定有师传的脉络。只是每次追问，严刑逼供，控犯追不到多少代的师传，因为他们也不知道。确有师传的网络，是实在的事；清政府相信这种网络涵盖甚广，是实在的事；网络难以追究彻查，也是确确实实的事。

在虚与实之间还有历史学者，与清朝官吏一样，历史学者相信天地会通过传会人的网络得以传播，所以也一样相信天地会有个"起源"。但是，历史学者与清朝官吏有一个很大的区别。官吏面对的是刑律与审判，不管有多少口供是在酷刑之下屈打成招，官吏的报告需要呈现清楚的犯罪证据。历史学者的证据则比犯罪证据松散，证据不足的时候历史学者还可以猜测。所以历史学者凭借对于某一种历史材料的集中解读，可以为"天地会"归纳出不同时候的"起源"。

"起源"当然也是研究华南宗族的历史常常面对的问题。族谱喜欢谈到家族、宗族的"起源"。是始迁祖吗？还是更早的始祖？是最早取得功名或封敕的祖先吗？还是需要追溯到上古得姓的起源？⑨可以一代传一代的事情一定是连贯的，怎么能没个起源？祖先的起源肯定需要追溯到人类的起源，其他的起源却可以只是在漫长历史中所经历的具有特别意义的事件，例如，垦辟家园、金榜题名、得到封敕等。当祖先没有留下历史资料的时候，实证某一个事件是几乎不可能的事。但是不能确定起源不等于起源不重要。起源是一种认同。认同了起源，成员对家族、宗族具有某种感受，它成为家族、宗族的符号、象征，甚至用以证明家族或宗族是本地人还是外来人，是贵族还是士大夫，起码得是良民。起源是真实吗？历史上家族、宗族是否确有如族谱所说的起源，其实没有感觉上的相信来得重要。也就是说，起源不需要事实，需要认同。

在天地会研究中，田海先生最强调天地会拜会仪式类似乡村地域宗教，可以强化参与者对天地会的认同。我们不反对这个观点，但是希望加以补充：实在的历史材料没有多少可以令我们看到参与拜会者的认同感。"认同"可以是个说法，也可以是种感受。说法有真有假，感受可以有深有浅。清朝查办天地会的记录没有显示参与者对天地会有很深的认同。若与乡村的地域认同感比较，乡村的地域认同感的确有在土地神前、地方庙宇中表达的部分，但是也不只是出于宗教上的信仰。地域关系关联田土的产权与开发权、用水的安排、税收的征缴、通婚的领域、防卫的组织等活动，天地会拜会不见得影响到日常生活中那么多细致的方面。从清朝破获天地会所录得的口供中可见，主要提到的入会的作用是道路上的保护，有事可以寻求援助，所以拜会提供的认同不是全面的认同，只是片面的认同。但是，即使是片面的认同，拜会还是借用了起源故事来支撑它的感受。

由此，历史学者会纠结与争论天地会起源于康熙朝，或是雍正朝，还是乾隆朝？是在福建、广东，还是四川？但是，对于天地会的拜会者而言，其实都不太重要。结拜、歃血、钻刀也不只是天地会所独有的仪式，[①]天地会独特的部分在于拜会是拜故事里的祖师，祖师被朝廷不明不白地追赶，分成五房，最后他们的后人还是会他日重聚，继续他们的使命。这当然是个反对朝廷的论说，所以很多人（也不一定是所有人）也明白拜天地会是犯法的，可以招致杀身之祸的行为。可见，历史学者需要解决的不是"起源"的问题，而是了解为什么那么多人明知故犯。

清政府的大吏以为答案在于有些人意图谋反，不过他们也知道大部分参与者其实没有政治目的，传会的人只是"敛钱惑众"。但是在一个虚与实之间的传播网络，清朝官员不能排除或许真的有人想造反。其实，意图谋反的人以一种引致官府警惕的活动来招兵买马也有些奇怪。因此，历史学者或者也可以将问题反过来思考，真正等候时机造反的人，怎么会以引起官府注意的形式来保持联系？

人类社会常常就是囿于在虚与实之间的种种关系。人们通过观察与感受去探求虚的关系之中有多少实，实的关系之中有多少虚。官府需要捉捕到传会人来证实传播造反言论的网络,传会人需要讲述天地会的来源故事以证实他们传会的权威,参与拜会者需要从仪式之中感受到天地会的存在。"秘密"不是一种心态。"秘密"是社会事实。说得更清楚一点:天地会是一个名词,不是一个实体的团体。在嘉道年间,有人利用天地会的名义组织拜会的仪式,拜会的仪式传播天地会实体存在的讯息。

拜会仪式或许可以真正增加参与者相互的团结,我们无从考究。唯独拜会仪式,不止提供了共同时空下的实体拜会的参与者之间的认同(假如有的话),而且让参与者、甚至非参与者幻想到不同的时空的实体拜会的参与之间可以互相认同。参与者主观的理解,传会者在不同的地方传会,清政府认真的调查,为天地会提供它存在的客观证据。天地会的拜会活动很成功地创造了一种矛盾:它的实体不存在,但是它引发的想象无法毁灭。

还有一个需要注意的问题是民间宗教活动往往融合了不同传统。传播天地会的人不一定没有同时传授其他神灵信仰。田海先生以为天地会也有末世教义的来源，秦宝琦先生以为田海先生提供的例子不算天地会，两者都有道理。[①]参与拜会的人可能没有历史学者对于传统分辨得那么清晰。

研究历史的困境，是历史学者常常没有办法亲临现场、以直接的观察作为记录。历史学者往往只能通过他人的记录，凭他们/她们对时代的认识，判断历史事件的真相。天地会遗留下来的历史文件颇为驳杂：有清政府的档案、有少量官员文集的讨论、有天地会自身生产的文书、有报纸的记录，也有外国人的文字。文献驳杂与天地会的历史发展过程很有关系。天地会的拜会，以及利用拜会召集会众团体，不止出现在中国本土，也随着华人移民海外，在海外留下痕迹。虽然最早的记录是林爽文起义后清朝政府对天地会打压的档案，但是，早在道光年间，荷兰与英国在巴达维亚（今雅加达）与海峡殖民地（今新加坡与马来西亚）的殖民政府，也发现了华人会党，其中也不乏以天地会为组织依据。再者，在中国本土，鸦片战争签订不平等条约五口通商以后，在新开的商埠和香港，外国人也发现了会党。历史学者目前可以使用的最大数量的天地会文书就是19世纪中期（大概咸丰、同治朝）在东南亚和沿海商埠收集的。⑫当然，1850年前后在通商口岸和东南亚发现的资料，不能代表嘉庆年间江西、湖南等地的情况。追寻天地会的发展史，需要将材料对应到具体的时空理解，然后探讨跨地域的相互影响。也需要考虑经历了半个世纪后，有关天地会的消息（也包括很多谣传），也越来越普遍。所以，咸丰一朝天地会的发展就形成了关键的时间分隔点。太平天国起义以后，清朝逐渐失去了嘉道年间的威望，更没有管治租界内媒体的权利。西方的影响，尤其是从石印印刷技术的引入到报纸的发行，在光绪年间突然掀起了资讯的迅速膨胀。光绪年间，天地会的文献不再只是秘密流传的单张，而是报纸公开报道的新闻。辛亥革命前后，在革命党的宣传下，天地会的形象从一个亡命的会党转变成一个反清革命传统的前身，这一变化与报纸的公开报道不无关系。

历史轰然而过，几十年的岁月弹指一挥间。从乾隆末年到道光年间，从太平天国起义到辛亥革命成功，大概都是四五十年的光景。在第一个历史时段，天地会从萌芽到定型；第二个历史时段，天地会从反叛的形象转变为革命的传统，这其中隐藏了天地会内部的转变与传播渠道对其形象的深刻影响。在不同时期，这些渠道既包括仪式与文本，也包括政府、移民与媒体。天地会的历史本身就是一个通过这些渠道传播的故事。当历史学者将研究的问题聚焦于历史故事的传播，历史学者就能明白当事人的处境与选择。因为，与历史学者一样，当事人也是通过这些渠道去消除他们对于事实了解的渺茫。社会学者齐美尔把秘密比喻为钱财。如同金钱一样，秘密也是在释放出来的那些时刻令存有者最能感觉到其所赋予的权力。当我们也了解一点天地会的历史的时候，我们会不会也感受到一点天地会的秘密所赋予的权力呢？

注　释

①　Georg Simmel, *The Sociology of Georg Simmel*, Translated, edited and with an introduction by Kurt H. Wolff, Illinois：The Free Press, 1950, pp. 307-376；成伯清：《格奥尔格·齐美尔：现代性的诊断》，165～192 页，杭州，杭州大学出版社，1999。

②　孙江：《想象的血——异姓结拜与记忆共同体的创造》，见孙江主编：《事件·记忆·叙述》，190～213 页，杭州，浙江人民出版社，2004。

③　有关天地会的研究，不胜枚举。近年特别有影响力的著作，包括庄吉发：《清代秘密会党史研究》，台北，文史哲出版社，1994；秦宝琦：《清前期天地会研究》，北京，中国人民大学出版社，1988；田海（Barend J. ter Haar）著，李恭忠译：《天地会的仪式与神话：创造认同》，北京，商务印书馆，2018。

④　有关清代处理会党的法律，参看秦宝琦、孟超：《清代惩处秘密会党律例的制定与实施》，109～118 页，载《清史研究》，2015(3)。

⑤　嘉庆十六年广西东兰州搜获《姚大羔所藏会簿》，见于刘子扬、张莉编：《清廷查办秘密社会案》第 31 册，9007～9010 页，北京，线装书局，2006；萧一山编：《近代秘密社会史料》卷 2《源流第五》，见沈云龙主编：

《近代中国史料丛刊》第79辑，1b～7b页，台北，文海出版社，1972。

⑥ 秦宝琦：《清前期天地会研究》，66页。

⑦ 顾颉刚：《孟姜女故事研究集》第一册，123～124页，广州，国立中山大学语言历史学研究所，1928。

⑧ 秦宝琦：《清前期天地会研究》，142～165页；又见，本书第三章。

⑨ 参看刘志伟：《从乡豪历史到士人记忆——由黄佐〈自叙先世行状〉看明代地方势力的转变》，49～69页，载《历史研究》，2006(6)；刘志伟：《明清族谱中的远代世系》，90～97页，载《学术研究》，2012(1)。

⑩ 刘平：《文化与叛乱——以清代秘密社会为视角》，237～249页，北京，商务印书馆，2002。我们很认同刘平先生认为民间文化与宗教渗入会党的仪式的观点。

⑪ 参看秦宝琦：《天地会根由神话解读的新思路——评荷兰学者田海著〈天地会的仪式与神话——创造认同〉》，152～156页，载《清史研究》，2020(1)。

⑫ 编纂这些文书最有代表性的著作包括：施列格著，薛澄清译：《天地会研究》，长沙，商务印书馆，1940(原著1866年在荷属殖民地巴达维亚出版)；萧一山编：《近代秘密社会史料》。

拜 会

但凡要了解一种活动，人们总是会问这样一些问题：这些人在做什么？做了有什么用？怎样做？怎样做才对？怎样做不对？为什么要这样做？是不是有其他办法做这件事？

清政府的官员，参与天地会的群众，与研究天地会的学者，也基本上是在问类似的问题：拜会在干嘛？为什么要拜会？拜会为什么要秘密进行？对此他们大概也有一些答案。他们知道绝大部分拜会的人不是因为要"谋叛"。清朝官员以为他们是受了敛钱惑众的传会人所欺骗的愚民，历史学者以为他们是中下层需要互相保护的民众，可能其中也有反清的感情在推动。乍一看，二者都有其道理。但是，敛钱或互助是不是一定需要秘密拜会？难道以一个既定的犯罪行为来组织敛钱或互助谋生比之于不触犯刑律的活动更具有吸引力吗？要解答这个谜一般的问题，我们需要知道秘密拜会是怎么一回事。

一、边钱会

秘密拜会并非天地会所特有。嘉庆七年（1802）福建省破获一个被称为"担匪"的组织，其入会仪式就是秘密拜会。"担匪"这个名称，有可能来自方言，也可能指结会的成员都是以挑担为生的挑夫或抬轿子为生的轿夫。他们没有讲天地会的故事，但是有很多方面与天地会相似。

事件的主角是一个名叫萧烂脚的轿夫，宁都人。他在嘉庆十六年被捕，审判后，立即被以绞刑处死。从嘉庆六年到十五年，他参加了多次拜会。嘉庆十一年以前，他还只是一名跟随者。嘉庆六年，他跟随一个叫李次元的人在进贤县"拜把"，有二十三人参加。嘉庆七年，他跟随另一个"担匪"周痖子在临川县"拜把"，有三十二人参加。周痖子在当年被捕获。官员报告，周痖子是个"无托足之地，是以身挑锅灶，在于古庙凉亭随地卧歇"的"担匪"。他"向各乡求乞，乘便掏摸攫窃，索钱取赎，聚散无常，每遇婚丧之家，强讨酒食钱米，稍不遂欲，即行吵闹"。报告特别写道，他"拜把"不是"拜会"，因为他"并未创立会名，亦无歃血焚表及另有不法情事"。[①]可见这些人不是什么叛徒，而是身无财物不安本分的无赖。他们的结伙除了结拜也没有什么拜会仪式。

至嘉庆十年，萧烂脚在江西省临川县跟随了一个叫王瞎子的人，开始明白拜会是怎么一回事。王瞎子一伙，叫"边钱会"，共有四十四人。边钱会内，首领叫"头肩"，亦称"大老官"，最活跃的叫"老满头"。他们的规矩，"系用钱一文，分为两半，暗作记认，一边交为首之老大收藏，一边交老满头收执，为聚散通信凭证"。

具体怎样进行拜会呢？档案中说："结拜之时，乞丐出米一升，窃贼出鸡一只，及钱一二百文，同买酒肉，写立关帝神位，传香跪拜。"

这个会不是平等的。"每年五月十三、八月十五两次作会，老大乘轿而至，众皆跪迎以示尊严。凡同伙之人，除老大为头肩外，其余分作二肩、三肩等名目。"档案文件也描述了边钱会的活动，"号令不许抢劫，不许放火杀人。若有违犯，老大问明责罚。其年力精壮者，平日肆劫勒赎，自定价值，不容事主较量。老弱残废者，结伴强讨，稍不遂欲，卧地诈伤图赖。其有弹钱赌博者，包揽护庇，抽头供奉老大。受害之人，或有具报到官，必公同设计报复。遇官府查拿，令善走者，名为老满头，探听消息，以便躲避"。他们的活动，就是"肆劫、勒赎、强讨、诈伤、包揽赌博"。最活跃的老满头打通官府，探听消息，方便会伙躲避政府捉捕。

"边钱"作为结会的符号比"拜把"有力，由此萧烂脚模仿王瞎子，建立了以他自己为首的边钱会。嘉庆十一年，他与三十九人，"在安仁县邓家埠地方（今江西省鹰潭市余江区邓埠镇），宰鸡取血滴酒，分饮结拜，一切边钱禁约，仿照王瞎子会规"。据同一份报告，接下来几年，萧烂脚起码还组织了两次拜会：嘉庆十四年八月十二日，参与者六十六人；十五年五月十三日，四十人。边钱会的参与人数比此前没有名目的拜把为多。在十四年八月十二日的拜会上，会内信物边钱发生了戏剧性的变化。参与者分成一肩到十四肩的等级。边钱"添用五色丝线缠缚，外用红纸包裹，一边交老大存留，取名坐令，一边交三肩内之罗万（受）收执，取名行令"。我们可以想象五色线缠结的边钱包裹在红纸内，在仪式过程中，相当引人注目。档案中也提及了与会人行令的理由，是因为"如同伙犯约令罗万受一半边钱给老满头传到责罚"，而且"勒赎赃钱，除分给老大外，并给行令之人一股"②。

可见，当人数增加以后，边钱会的权利系统也分成三层。萧烂脚还是老大，保存所有边钱的半边。以下有老满头和三肩。三肩大概是小头目，所谓保存边钱的另一半，即是其所统辖的小伙众结拜所用的边钱的另一半。伙友犯规，由老满头处置。为示边钱会结拜仪式的统一，小伙众的一半边钱将传回老满头认证。

"为什么这样做"的一个答案，可能是在于仪式的力量可以引致组织的分化与统合。人数增加将引起分化的潜在危机，但是分享共通的象征却能够在形式上保持统合。有边钱比没有边钱的结拜更具象征性。那么，天地会的故事是否又比边钱更具有象征性呢？

二、天地会

嘉庆十六年(1811)三月，福建永定县人卢三，又名破鼻花，到江西龙泉县(今遂川县)"结会传徒"。四月，寄居龙泉的广东兴宁人李魁升与上杭人蓝老四以卢三的徒弟上杭人陈纪传"交友甚广，拜其为师，可免外人欺负"为其介绍传徒。他还说，"如领红布花帖，即可传徒骗钱"。李魁升、陈纪传、蓝老四都在龙泉大汾墟开店，李魁升于四月二十七日拜陈纪传为师，送钱三千文。③

档案很清楚地叙述了拜会的仪式，就是典型的天地会拜会。记录说：

> 陈纪传买备香烛，设立从前传会之万提喜即洪二和尚牌位，米桶插五色纸旗五面，中插红纸旗一面，并用布搭桥，令李魁升闒间过，陈纪传口诵"有忠有义桥下过，无忠无义剑下亡"俚语。并用刀宰鸡，取血滴酒同饮。付给红布花帖，以作传徒之据。传授"开口不离本，出手不离三"，并"三八十一"口诀，发辫从左圈转，以便同会人关照，有事相帮而散。④

拜会仪式后，李魁升开始传徒，每次人数十多人不等，各收六七百文。卢三还有不少徒弟，每人收一二千文。卢三其他徒弟也有传徒，也各收六七百。奏折说"该匪等入会以后，彼此联络，因李魁升、陈纪传师徒说话伶俐，又有勇力，推为大哥"。

嘉庆十六年，案件有了新发展。当年七月二十五日，曾参与拜会的杨学贵母亲病故，无钱埋葬，有名为钟高才的人，建议他把母亲埋在当地徐姓与罗姓有争议的山地。当晚，杨学贵、钟高才一行人，向棺材店赊取了棺材，第二天抬到山上，在离徐姓祖坟前三丈的地方埋葬。徐姓人干涉，但是，"因畏会匪人众"，只要求杨学贵写立借据。杨答应，但是最终双方大打出手，双方各有损伤，钟高才的一个同伙死亡。

过了几天，七月二十九日，钟高才等与伤亡者的家属，跑到大汾墟向李魁升、陈纪传求救。李、陈应允"纠众复仇"，遂令钟高才等一方面向县告状，另一方面

"写信九封"向会伙求援，"约定八月初四日，齐集大汾墟，拱抬尸首，赴徐陆传众殴毁泄忿"。徐家甚至大汾墟的人，为此甚为恐惧，巡检也不能弹压，但是乡民募集的乡丁把钟高才等五十余人制服，送到龙泉县审判，后因为案情严重，转到省。龙泉县在李魁升等家，"起出名簿、符书、花帖"。江西巡抚先福亲自审判，原先认为"起获刀头、小铁铳等件，均系民间常用之物，并非军械。即符书簿本，亦只练习拳棒俚语，尚无违碍不法"。

但是，随后在其中一家人家搜到了由陈纪传发出钟高才代笔的花帖，即如下文件，现存于第一历史档案馆：

　　当年起义在四川、甘肃省城都大平府太平寨少林寺修身和尚、字提喜，佛名万和尚，传下四字"阅、间、闽、闷"，再传授到广东惠州府高溪，兄弟议论，分开五房，共议传下四字："云白连天"。兄弟各别，二房在高溪，三房在广东省。以后兄弟立业，分为五处，再传下四字："木立斗世"。五房五兄商议，传下"顺天行道"四字。方大洪大哥三房在万山起义立业，众兄弟再传下四字："顺天字号"为记。如今众兄弟万山传出帖，交与化兴弟子承领，日后若有查出不忠不义，割头示众。

在场：祖洪押、德标押。

保结：彦惠押、殿云□、邰周押、成珍祯押。

代笔：高材押。

非亲有义须当敬

是友无情切莫交

黄河自有澄清日

顺天结义合同心

天运元年辛月未日立传帖万山众兄弟承领帖，

弟子化兴传出帖，交与承领帖弟子化茂、[化]思。⑤

这张字条的发现非同小可。先福报告，它"载有当年起义在四川、甘肃和尚万提喜，及传广东惠州高溪，分为五房，并方大洪等"，帖后写有"天运元年辛月未日"。先福认为这些字句证明"有谋为不轨情事"。

事关严重，先福盘问钟高才有关高溪的地点、方大洪的真实性。钟高才供，"帖内所写字样，都照陈纪传原帖誊写，曾向陈纪传查问，据说是会内流传，并不知有无其人其地。即帖后天运字样，因会中向有写顺天两字者，亦有写天运二字者，是陈纪传原帖如此。实在起自何人，伊并不知"。钟高才供出文件下款出帖人"化兴"就是陈纪传，承帖人也只是用了法名。好几个画押，是由钟高才代画。彭殿云（文件内的"殿云"）则供"伊不识字，系因陈纪传令其列名画圈，是以照画。并不知帖内是何字句"。先福接纳供词的内容，陈纪传没有被捉拿到案，李魁升、钟高才几名组织拜会的人照"谋叛"例斩首，其他人从轻发落。

以这个案件与"边钱会"比较，可以看出天地会的故事发挥的作用。铜钱作为结会符号不一定没有故事。但是，铜钱是随时随地都可以找到的东西，即使把它分成两半，变成一个团体特有的符号；它也只是一个单一团体承认的符号。⑥天地会的故事的仪式比边钱会丰富。天地会的故事联系到拜会人群以外的大历史。当一群人举行天地会的仪式的时候，他们建立起的不仅是拜会者之间的相互关系，同时也与他们想象之中的其他拜会群体建立了关系。甚至可以说，这个网络式的关系到传会者所传授的口语、手势、花帖、甚至拜会的仪式得以在天地会的虚拟传统之下合理化。这就是传会人陈纪传"交友甚广，拜其为师，可免外人欺负"的意义。参与拜会者好像没有掌握到这个故事有"谋叛"的意味。他们"并不知有无(天地会人物的)其人其地"。甚至有不识字者，根本不知道"帖内是何字句"。归根到底，这些拜会的人，只求遇事时互相照应。天地会的虚拟网络让他们相信有获得照应的机会。所以，出事的时候，他们写信向外求救。当然，若求援无效，这个故事就会破产。不过，到了这一步，参与拜会者已经被政府甚至与他们对立的乡人认定为反清复明的集团。参与虚拟集团的后果并不虚拟，清政府的惩罚是非常实在的。

三、入会以保身家

若把参加拜会形容为受骗与互助，给人的印象则是参与是自主的行为。参与者之所以参与，是因为相信了骗局，或寻求互助。但是，时人也知道事情并非如此简单。曾在嘉庆十二年(1807)任泉州府知府的旗人金城，谈到当地的天地会，说："久之，匪类多而势益强，虽善良殷实之户，恐被欺害，亦入会或交结供给之。"⑦道光十年(1830)给事中牛鉴上了一个奏折，报告江西省赣州会匪猖獗的情况，也说："江西省南赣会匪首犯凶横狡黠，遇有恒产之人，能知法度，不肯附和入会者，非劫夺牛马，即蹂躏田禾，甚至抢掠子女，勒银取赎。小民被其凌逼，不入会则祸不旋踵，无以保其身家。入会不过敛给银钱，犹可免其荼毒。以是畏祸之心，甚于畏法。胁之者愈甚，从之者愈多。"⑧

乾隆年间，禁止结拜的法令已经注意到被威胁入会的问题。乾隆二十九年(1764)针对福建省"歃血、顶盟、焚表、结拜兄弟"的律例说："若有结会树党，阴作记认，鱼肉乡民，凌弱暴寡者，亦不论人数多寡，审实将为首者，照凶恶棍徒例，发云贵两广极边烟瘴充军。为从减一等。被诱入伙者，杖一百枷号两月。"⑨嘉庆十七年的修订，再增加了两句："如为从各犯内，审明实系良民被胁，勉从结拜，并无抗官拒捕等事者，应于为从各本罪上再减一等。仅止畏累出钱，未经随从结拜者，照违制律，杖一百。"[10]

案发后，实际上很难判断谁是自愿参与，谁是被迫胁从。尽管如此，参考时人的意见，我们大概还是可以相信有些参与者是在被要挟的情况下不得已而为之。

四、天地会的收费文本

天地会的案例，有一个常常发生的枝节，就是传会人藏有拜会参考的文本（叫"会簿"），以收费的代价让拜会者抄录。抄录者拿着这些文本，分头组织拜会。很明显，传抄这些文本就是天地会扩散的一种门路。但是，通过这种渠道的扩散，是天地会组织上的扩散，还是只是讯息上的扩散？收藏天地会文书的传会者，其实对天地会的认识有多少？天地会文书的收藏者之中，有多少实际的联系？道光十一年的一个案件，很能给出这些问题的答案。

道光十一年(1831)，贵州巡抚嵩溥报告，捉到一个组织结拜"三合会"的人，名叫马绍汤，籍隶贵州开泰县。[11]

嵩溥的报告说，当年正月，马绍汤从开泰去了广西怀远县，遇到广东船户吴老二。吴老二说及广东旧有添弟会，已改名为三合会。他有本"会本歌诀"的抄本，里面记载了防匪徒的问答和手势。他说："如遇会匪抢劫，照依书内，开口不离本，起手不离三口号、手势行动。如遇人问姓，先说本姓某，易姓洪。匪徒知系同会之人，可以保全。"马绍汤付他二钱白银又七百文铜钱，向他借来抄。见到会书内"载有八角图形，四面几层俱有细字"。图内有马绍汤并不认识"彪羆彪彪彪"五字，及长、二、三、四、五房内，有桃必达、吴天成等名字。吴老二告诉他广东属二房，名洪太宗，以红旗为号。其余各房，吴老二亦不知道。书内有一首七言诗，有"五房留下一首诗，身上洪英少人知，有人识得亲兄弟，后来相会团圆时"等句。

马绍汤抄到的八角图形，是天地会（即三合会）的入会凭证，叫"腰凭"。我们可以拿其他地方出现的天地会文献做参考（图1）。可见，这个八角图形故作神秘。例如，"三、寿、合、和、同"五字，加上"虎"字旁，变成马绍汤"并不认识"的字。文件记录的七言诗，也不顺排，而是有系统地排在八角。诗句"身上洪英无人知"有双重的意思。"洪英"一方面可以代表归附到"洪"姓的参与者。所以，在附图的文件，"洪"字放在中间，虽然我们不知道马绍汤所见到的文件有没有这个部分。另一方面"洪英"就是这张"腰凭"，"身上洪英无人知"是因为"腰凭"放在身上就是一个会内的秘密。"腰凭"的字句排列，五字暗语旁加"虎"字，虽非常态，但是稍读过书的人大概都可以看懂。所以这个"秘密"其实只有增加了文件的故事性，它本身并没有保密的成分。[12]

图1　天地会的腰凭

引自萧一山编：《近代秘密社会史料》卷1《腰凭第四》，26b页。

　　马绍汤回到开泰，举行了拜会，参与者三十二人。他又把文件传给其他人。得到他传授的蒋倡华组织了两次拜会，又有三十七人参与。最后，马绍汤、蒋倡华均被捕获处决。

从这个案例显示有关天地会传播历史中的两件事。第一，马绍汤本人并没有经过拜会的仪式，他从船户吴老二处所得资料，全部来自文本或吴老二口传。但是，虽然他没有亲身经历拜会，回到家乡后他还是懂得怎样传授。这意味着拜会是民间所习惯的传统。在庙宇或神坛的祭祀中，"拜"与"会"都很普遍。"拜"是在神前烧香，"会"是集资做祭祀。拜祭神明后，做"会"的人集合享用祭品。在什么神前"拜"，谁"拜"，影响到"会"的性质，可以有地域、宗族、行业、官位品阶、甚至性别的分别。第二，尽管吴老二没有和马绍汤拜会，他很成功地传播了天地会的故事与仪式，因为天地会的核心资料已经浓缩为一张小字条。但是，字条所记录的事情，他们谁都没有经历过。吴老二也坦白地说他不知道广东以外四房的情况。对广东本房，他也只是知道属于二房，与以红旗为号。故事虽然以讹传讹，但是没有因此影响它的号召力。讯息的力量明显不在其真与假，而在其说服力。

清政府非常谨慎地看待天地会故事的说服力。清廷就马绍汤事件下了一道谕旨。谕旨的论点很能代表道光年间朝廷处理类似案件的办法与思路，所以值得一览全文：

前因御史冯赞勋奏，广东等省有三合会名目，其党分为五房，福建为长房，广东为二房，云南为三房，湖广为四房，浙江为五房。当经降旨，交各该督抚饬属严密访查。旋据各该督抚覆奏，俱称现无此项会匪。今贵州已拏获三合会匪徒多人，并据该犯马绍汤供称，广东船户吴老二，有细字图，所载长、二、三、四、五房内，有桃必达、吴天成等姓名。复告知广东系二房，名洪太宗，以红旗为号。是贵州会匪钞写逆词，系由广东传授，其余各省，亦必有传徒纠众之事。着李鸿宾等，各派妥员，认真查拏，将为首匪徒缉获，按律惩办，并散其党羽，以净根株。⑬

谕旨的论点是这样的：在马绍汤案之前，已经有人报告天地会五房分布在福建、广东等五省。当时朝廷已经命令各督抚追查此事的真伪。督抚均回应没有会匪踪迹。但是，在贵州捕捉到的马绍汤供出来，他是从广东的船户处得到的字图传授，他还可以正确地说出五房的分布，由此证明了跨省授徒传教的事实。于是，朝廷不接纳先前督抚的奏报，坚持命令他们继续认真查办。

天地会拜会能够引发一个存在跨地域网络的想象，本身就是个很有利的传播条件。尽管吴老二对于其余各房，"亦未知悉"，但是，吴老二不知道不等同其余各房不存在。参与拜会的人，是参与一个实体的活动，只需要假设其他地方，其他人也在组织这种活动，参与者就可以认同天地会是一个超越地域的架构。政府在不同地方搜查到"腰凭"之类的文献，捕捉到参加过形式相似的拜会活动的参与者，发现他们有共用的口号，似乎又能为拜会背后跨越数省的人际网络提供证明。文本的流动，引发了跨地域网络暗流潜藏的错觉。

五、太平军起义时期广东的拜会

咸丰元年（1851），洪秀全在广西桂平县金田村起义，然后从广西进入湖广，屡败清军，咸丰三年，攻下南京，与清军展开拉锯战。当时紧张的气氛在长江以南各地蔓延开来。在广东的潮州、东莞、惠州、佛山等地，于咸丰四年先后有起义军攻打县城、对抗官军。虽然起义的队伍不一定打着"天地会"的旗帜，但是天地会的拜会在他们的活动中存在着明显的迹象。

广东在咸丰年间起义的群众，历史学者统称"洪兵"（少量资料可见的字眼，不见得当时普遍使用）。由于第二次鸦片战争，英国人把两广总督衙门的档案带到英国（现存于大英档案馆），其中，保存了部分关于"洪兵"起义的详细材料，包括十多篇被捕的起义人士的口供。从这些生动的材料，可以窥见天地会拜会在起义群众之中的作用。以下挑选了三段为例：

> 许亚丽供：年三十四岁，花县朗溪村人，父亲已故，母亲黄氏，年六十八岁，并没兄弟，娶妻已故，未生子女，平日在里水做外科度日。咸丰四年七月十二日，在里水陈家祠拜会，共伙十余人，黎旦为老母，不知姓亚九为舅父，拜完各散。是月廿九日，投入佛岭市元帅甘先分扎冈头右营都督黄洸伙，派在第十旗黄亚应管带，同旗廿一人，闰七月初一，在金溪，初十日，在石门等处，与官兵打仗二次，均未伤人，后即散伙。至去年三月内，往香港卖生果。本年六月内，回来躲在家里。九月，到

里水墟行外科，后推清远人陈亚方为首，纠同花县鸡枕山宋贵、（名字从略）及不识姓名的共伙百余人，约定俟鬼子闹，便乘机起事。[14]

汤逢吉供：年三十五岁，花县石湖村人，父母俱故，并无兄弟，娶妻已故，生有一女，平日耕种度活。咸丰四年六月十二日，在本村汤家祠拜会，共伙六十余人。黄裔为老母，汤亚二为舅父。（其他经历类似许亚丽）[15]

吕子桂即吕茂炤供：年五十二岁，鹤山县药迳司维墅乡人，父母俱故，并没兄弟，娶妻冯氏，未生子女，小的于道光十七年岁考，蒙李学宪取进第八名县学，咸丰元年岁考，蒙全学宪取准一等九名保廪，一向在家教读度日。去年六月二十八日，小的听从黄亚永邀，在本村义学拜会，同伙二百人，黄亚永为舅父，陈海为老母。拜时设立同义堂名，小的出银一元，枪上有斗，插五色旗，拜毕给还硃

砂钱三文为记。即日小的投入鹤山县属药迳司维墊伪元帅吕雄杰贼巢，封小的为军帅……⑯

从口供的资料可见，拜会与参与"洪兵"有点关系。许亚丽和吕子桂都先后拜会，然后参加起义。但是拜会也并非直接为起义军招兵买马，而是代表了某种立场。参与者在拜会后，可以参加不同的起义党伙。三个例子都表示主持拜会的有两个人，一位叫"老母"，另一位叫"舅父"，这两个名称在此前的报告中没有见到。例如，许亚丽拜会之时，在村子里的陈氏祠堂，主持人之中，黎旦为"老母"，"不知姓亚九"为"舅父"（"老母""舅父"在拜会中的作用详见本书第四章），拜会后各散。但是，过了两周，许亚丽参加了甘先的起义，与军兵打仗后散伙，跑到了香港。一个多月后，又回去参与了另一次起事，供词中，没有提到他是否需要参与另一次拜会。

这几个例子值得注意如下几点：其一，拜会的人数。许亚丽的拜会还只有十余人参与，汤逢吉的拜会有六十余人参与，吕子桂的拜会有两百人参与；其二，在洪兵起义的时候，拜会的活动已经比较公开；其三，拜会的形式也有所变化，关于拜会的变化在本书第三章与第五章还会进一步讨论。本处希望稍作提示，这些案例的形式与同治、光绪年间发现的拜会比较接近：仪式由两个人（"老母"和"舅父"）主持，包括一问一答的环节。比原先只在牌位前礼拜的仪式更为复杂。这一类的拜会仪式为天地会成熟阶段的仪式。

六、小结

为什么要拜会？从本章的例子看，拜会有很多理由，除了在太平天国起义后才发生的第五例，都与"谋叛"无关。乞丐与地方帮派有理由拜会结伙。招徒收费的人，惧怕帮派的人，不管帮派存在与否，也有理由拜会。归纳来说：有为认同天地会故事拜会，有传授天地会故事的人拜会，也有以"宁可信其有"的心态的人拜会。早期的拜会是个很灵活的活动，不一定需要任何道具，甚至不一定需要一本手册。后期的拜会则加入了比较复杂的仪式。

历史学者习惯于问历史背景怎样可以帮助解析历史事实的变化。他们追问：参与拜会的人是否来自社会的边缘？人们对民间宗教习惯性的接受是否帮助了天地会无缝地扩展？这些猜测都有可能，但是，若凭案犯的记录，似乎又都没有多少根据。从乾隆末年到咸丰初牛大地会在地理上的扩散，倒是很清楚。一方面因为从福建、浙江、江西、广东、广西、甚至云南、贵州档案都存在确实的案例，另一方面从犯案的内容，也可以看到传会人不论是出于信念的理由，还是出于敛钱的目的，在多处组织拜会。"扩散"的背景还需要考虑的另一个问题是：天地会的秘密是否从非常的状态进入了寻常的生活？

天地会的名称列入《大清律》其实是天地会寻常化的过程的头一步。拜天地会既然变成违法的行为，当然一方面增加镇压拜会的力量；但是，另一方面，"天地会"成了一个法律上的名词，也会更多出现在官方的文件里。嘉庆十一年(1806)，江西巡抚先福拟一张"用粗浅俗话"的告示，说明从林爽文起义后，办案所查出的天地会起源，俾民人"免致再为煽惑"。他的目的是证明"会匪假借捏说，希图哄骗银钱"。⑰我们不知道这个告示有没有刊出，但是，假如有的话，当然也同时有扩散天地会讯息的作用。成功镇压天地会也变成官吏的政绩，记录在他们的传记中。久而久之，"天地会"成为一种行为的类型。例如，道光十六年(1836)两江总督陶澍《缕陈巡阅江西各境山水形势及私枭会匪各情附片》一折把匪徒分成三类：一为"真会匪"者，"宰鸡滴血，钻桥饮酒，传授口诀，散受花帖传徒者"；一为"虽会而不必真匪"者，"富民畏抢，庸懦被欺，胁从图保身家，与夫醵钱酬赛，如城隍、财神等会"；一为"游手凶徒俗名烂仔"者，这些人"遇事生风、执持刀械……纠党仇杀、掳掠畜产、拆毁房屋、捉人勒赎"无恶不作。"此则匪而不会，其情罪无殊于会匪，必应严惩。"[18]更甚者，"拜天地会"变成寻常的犯罪，民间纠控时诬告对方为天地会分子，亦在在有之。嘉庆十八年(1813)广西平乐知府高廷瑶记录，当年查办附近武缘、荔浦县"天地会"案甚严，"两起凌迟，斩绞数十人，缘坐三百余口"，但是，"正乐于有事之际，趋风气者，讦告群兴……有一言不合，窃一草一木，即以会匪告"[19]。道光年间刻的《问俗录》解析"雪桥"条，也载："据事直书呈式也。乃或二三人争闹，即控聚匪数十人，或至其家口角，即控聚匪数百人，掳抢一光。更有素无败行而指谓著名匪党，又或藉地方官访拿要犯指谓即其亲属交好，盖因上府迭来严缉会匪，故险其词以动目。俗名'架雪桥'。"②

我们说"秘密在扩散"或"秘密在寻常化"的时候，应该同时怀疑这些说法有没有发生的可能。扩散了的秘密，不就是很多人都知道了？寻常化的秘密，不就是很多人都会认为有没有都无所谓？没错，天地会的推广者面对着一个我们称为"秘密社会合理化"的结构性的问题：怎样在扩散，寻常化之中保持独有的地位？所以拜会一定需要变化，也越来越复杂，因为复杂的过程才可以确认秘密的独有性。

注　释

①　《江西拿获抚州担子会首从并分别审拟》(嘉庆八年八月初二日)，见《清廷查办秘密社会案》第33册，9504页。

②　《江西审明边钱会会首萧烂脚等人节次结会情形》(嘉庆十六年四月十二日)，见《清廷查办秘密社会案》第33册，9546～9548页。

③　《江西审明定拟添弟会会首李魁升等结会传徒并争占徐姓山场等情》(嘉庆十六年九月十八日)，见《清廷查办秘密社会案》第30册，8514～8527页。

④　《江西审明定拟添弟会会首李魁升等结会传徒并争占徐姓山场等情》(嘉庆十六年九月十八日)，8516页。

⑤ 《查获陈纪传花帖抄件》《审讯钟高才默出信稿》《审讯李魁升等供词笔录》，见《清廷查办秘密社会案》第 33 册，8529～8531 页。

⑥ 档案里还有其他利用铜钱作为结会符号的例子，如《福建审理建宁平头会会首黄孙奴等人并分别定拟》（道光二年七月十四日），见《清廷查办秘密社会案》第 29 册，8372～8380 页；《广东拿获福建天地会曾阿兰案内钟灵明等人审明分别办理》（嘉庆十六年四月三十日），见《清廷查办秘密社会案》第 30 册，8510～8514 页；祝庆祺：《续增刑案汇览》卷 5《谋叛》，8a～b 页，道光二十年刻本，又见庄吉发：《从清代律例的修订看秘密会党的起源及其发展》，145 页，载《台湾师范大学历史学报》，1990(18)。

⑦ 金城：《浣霞摸心记略》卷上，24a 页，道光七年刻本。

⑧ 《宣宗成皇帝实录》卷一六八"道光十年闰四月壬子"条，见《清实录》第 35 册，609 页上栏，北京，中华书局，1985。

⑨ 《钦定大清会典事例》卷七七九《刑部·刑律贼盗》，见《续修四库全书》第 809 册《史部·政书类》，553 页，上海，上海古籍出版社，2002。

⑩ 《钦定大清会典事例》卷七七九《刑部·刑律贼盗》，554 页。

⑪ 《宣宗成皇帝实录》卷一九六"道光十一年九月癸丑"条，见《清实录》第 35 册，1086 页；《贵州审拟开泰马绍汤等结立三合会传播会书等人分别办理》（道光十一年七月二十九日），见《清廷查办秘密社会案》第 32 册，9306～9317 页。

⑫ "腰凭"是保甲制度应用来登记乞丐的工具。乾隆五年陈宏谋在江苏按察司任内考虑过"每名(乞丐)给以腰牌，上书某处某丐头所辖，登入姓名，常挂腰间"。(陈宏谋：《培远堂偶存稿》卷 10《江苏按察任》，见《清代诗文集汇编》第 280 册，231 页，上海，上海古籍出版社，2009)在天地会文献，它最早出现在嘉庆十四年广西向武土州的林琼宴案。档案记录"复查腰凭内周围二十八字不成句，读亦无文理贯串"，"据称周围二十八字系颠倒错乱缮写，暗藏四句诗词,"其中一句为"标中兄弟无人知"。[《广西审办于向武土州听从游德结拜天地会之林琼宴等人分别办理》(嘉庆十四年四月二十九日)，见《清廷查办秘密社会案》第 31 册，8937～8938 页]。

⑬ 《宣宗成皇帝实录》卷一九六"道光十一年九月壬子"条，见《清实录》第 35 册，1087～1088 页；冯赞勋奏见《宣宗成皇帝实录》卷一八八"道光十一年五月乙卯"条，见《清实录》第 35 册，976 页。

⑭ 刘志伟、陈玉环主编：《叶名琛档案：清代两广总督衙门残牍》第 8 册，301 页，广州，广东人民出版社，2012。此段下文记许亚丽"在里水医馆被兵勇访获"，文中"外科"相信关联医疗。

⑮ 刘志伟、陈玉环主编：《叶名琛档案：清代两广总督衙门残牍》第 8 册，302 页。

⑯ 刘志伟、陈玉环主编：《叶名琛档案：清代两广总督衙门残牍》第 7 册，272 页。

⑰ 《江西拟告示民人天地会渊源俾免为其煽惑》（嘉庆十一年十二月十六日），见《清廷查办秘密社会案》第 20 册，5038～5039 页。

⑱ 许乔林编：《陶文毅（澍）公集》卷 25《奏疏·缉捕》，见沈云龙主编：《近代中国史料丛刊》第 29 辑，37a～b 页。

⑲ 高廷瑶：《宦游纪略》卷下，1a～b 页，同治十二年刊本。

⑳ 陈盛韶：《问俗录》卷 1《建阳》"雪桥"条，见《四库未收书辑刊》子部第 10 辑第 3 册，6a 页，北京，北京出版社，2000。

秘密是怎样散播的？

人类学者维克多·特纳（Victor Turner）以仪式（ritual）的理论闻名。他的出发点是对英国社会人类学理论的一种批判。他注意到英国社会人类学者很小心记录与描述社会结构，但是比较忽略仪式的民俗志。他从法国民俗学阿诺尔德·范热内普（Arnold van Gennep）对生命礼仪（rites of passage）的论点引用了"阈限"（liminality）的理论，提出礼仪的过程，必然包括"阈限"的阶段。特纳认为礼仪就是从一种常态到另一种常态的过度，在其中，"阈限"能够让社会关系颠倒，成人当小孩、男人当女人、当权者当下层人等。①

另一位有影响力的人类学者吉尔伯特·路易斯（Gilbert Lewis）对这个论点有些异议。路易斯并未指"阈限"的概念不对，但是他认为人类学者需要分清楚当事者的认知与人类学者的阐释。他说，当事者对礼仪不一定没有解析，但是在礼仪过程中，他们/她们最紧张的事是"怎样"做得对而不是"为什么"需要用某一方式去做。②引申路易斯的论点，我们可以想象组织天地会拜会的时候，传会人也需要知道拜会"怎样做"。怎样拜才对？怎样拜才有效？我们在这里提出这两种观点，我们不打算把拜会看成"生命仪式"，但是我们相信对于拜会的人，"怎样做"是关键问题。

正如特纳批评的英国社会人类学者一样，历史学者在追问天地会的来源时其实也没有多少考虑拜会的仪式。比较例外的是田海先生。他就是从生命礼仪的角度理解拜会仪式。他说："本章我将阐释三合会的入会仪程，其背景是中国人当中广泛流传的一些信念，即神话中的生死循环场景。"③他认为拜会象征着入会者经历了从死亡到复生的过程。我们不反对以比拟的方法看待史料，但是，需要指出，天地会的资料并没有讨论生死交替。当田海先生以为入会者穿麻衣、草鞋代表丧礼，拜会后等于再生，这些是田先生的见解，不是历史材料所说的事情。

我们不打算探讨"天地会"的来源，也不打算替"天地会"寻找拜会的目的。我们需要在不足的历史材料上寻找可见的变化。我们不是没有立场。正如第一、第二章说明，我们相信天地会是虚拟的架构，但是拜会是实在发生的事情。同时，拜会的人，也会相信在其他地方、其他时间、还有其他人在拜会。"相信"不一定尽信，也可以"宁可信其有"。在这个思路下，我们认为传会有理由让拜会者感觉到虚拟的架构有真实的部分。所以，这一章的目的是探讨怎样可以在拜会的仪式上建立虚拟的天地会架构。我们采取路易斯对仪式的观点。参与者需要知道仪式是"怎样做"，拜会也通过仪式"怎样做"的讯息传播。天地会的秘密就是从这个目标出发而得以散播的。

一、拜天地：拜会仪式的早期阶段

天地会最早出现在清朝的官方文献与乾隆五十二年
(1787)台湾林爽文起义相关。地方官员捉到一个叫杨振
国的人，供出"这天地会是五十年十二月里，有漳州平
和县人庄烟即严烟过台来兴起的。小的们听得严烟说及
起会的根源，是广东有个姓洪的和尚，叫洪二房，同一
个姓朱的人起的。洪二房和尚居住后溪凤花亭，不知是
何府何县地方，那姓朱的年才十五六岁，不知叫什么名
字，也不知住在那里"④。

过了一年，拿获严烟，时年二十七岁，他的供词是
早期天地会拜会最详细的资料。他说："我向来卖布为
生。乾隆四十七年，我村庄上有个行医的陈彪，系广东
人，劝人入天地会，我也随同入了他的会。于四十八年

来至台湾，在彰化地方开设布铺，也时常引人入天地会。四十九年上，我在溪底阿密里庄遇见林爽文，与他往来熟识，他向我说也要入会，我就将从前陈彪传我入会的话告诉他，说凡要入这会，须设立香案，在刀剑下鸣誓，遇有事情，同教之人大家出力，共同帮助。又恐人数太众，不能认识，相约见人伸三指，并有洪字暗号，口称五点二十一，便是同教之人。"⑤

在清朝官员详细盘问下，严烟提供了他所知道的天地会来源。他说："天地会名目因人生以天地为本，不过是敬天地的意思。要入这会的缘故，原为有婚姻丧葬事情，可以资助钱财。与人打架，可以相帮出力。若遇抢劫，一闻同教暗号，便不相犯。将来传教与人，又可得人酬谢。所以，愿入这会者甚多。至此教起自何年，我实不能知道，但听得陈彪说，此教年代久远，从前有个朱姓、李姓同起的。朱姓叫朱鼎元，李姓实不知名字。后来有个马九龙，纠集和尚多人，演就驱遣阴兵法术，分投传教。近年又有个万和尚，俗名涂喜，都是传教的人。陈彪曾教我两句口语：三姓结万李桃红，九龙生天李朱洪。这就是天地会的根由。至李姓、朱姓起会，传说在四川。万和尚传教，闻说在广东。即陈彪告诉我的时节，他亦不能记清年份，指定地方，我更无从晓得。此外又有赵明德、陈丕二人，亦同陈彪在福建各处传教，都是陈彪说的。我后来听见陈丕也到过台湾传教，但并未与他见过。同会所称洪二房和尚，并非实有其人，乃暗隐朱、李二姓及万和尚的总称。至二房上加增红字，及用洪字作暗号说[陈]彪说都是朱、李二家传下的，实未告知我别的缘故，及作何讲解，不敢妄供。就夹死我也不能指出的。"⑥最后一句话显示，严烟可能当时是受刑作供的。

虽然严烟供词说天地会的名目"不过是敬天地的意思"，档案里藏有一份"天地会"的誓词，赫治清先生认为它就是林爽文起义严烟所传授的拜会文件。文曰：

后土尊神为证，香主△△等处备△△△△金银香烛清茶荐荟〔盒〕高钱等色，奉献祝告于△△△△△等，今因广东省凤花亭高溪庵马溪庙盟主传宗，今夜插〔歃〕血拜盟，结为同胞兄弟，永无二心。今将同盟姓名开列于左。本原异姓，缔结全洪，生不共父，义胜同胞共乳，似管鲍之忠，刘关张为义。汝△△△△△△△△视同一家，今夜传教汝手路密约，上不传父母，□□□□□□，如有漏泄跟机，含血喷天全家灭亡。自今既盟之后，前有私仇挟狠，尽泄于江海之中，更加和好，有善相劝，有过相规，缓急相济，□犯□打扶。我等兄弟须当循规守法，不可借势冒为，恃强欺弱，横凶作歹。故违誓约，自作自当，不得累众人，若有不忠不义〔下残〕。⑦

可见誓词提到了"天地会"的故事。头一句话留空的部分，相信应该填上五祖的名字。⑧这样的话，说明拜会是"因广东省凤花亭高溪庵马溪庙盟主传宗"。

但是，更有意思的是一个参与者的记忆。乾隆五十三年，林爽文起义失败后，曾参与拜会的陈信逃出，借住广东人谢志家。谢志于乾隆五十六年因恢复天地会被捕。这是他的供词：

乾隆五十三年……陈信借在我家暂住，我见他衣包内有天地会誓章一纸，我问他天地会如何结法，他说要排设香案，在神前宰鸡、歃血、钻刀，对天立誓，一人有难，大家帮助，如若负盟，刀下亡身。立誓毕，将誓章在神前焚化，吃了血酒，会内的人相见，用左手伸三指朝天做暗号。至誓章内说话，我记不全了。总是有福同享，有祸同当，一人有难，大家帮助，若是不救及走漏消息，全家灭亡，刀下亡身的话。⑨

谢志之所谓恢复天地会拜会是缘于名唤张标的漳州人，感觉受到泉州人欺负，希望结会对抗。至乾隆五十七年，又有陈潭，跟从张标的余党，学到拜会的方法。陈潭被捕后的口供说：

> 四月初九日，吴光彩、吴基同了王都、张英、吴刊走来，吴光彩说他们都是张标天地会内的人，都从内山出来。天地会怎样结法，问他们三个就晓得了。我向王都们问明，要摆设香案，在神前宰鸡，歃血饮酒，钻刀立誓，并伸指朝天记号。⑩

这些与林爽文起义有关的对于拜会的先后描述，基本上与严烟供词"须设立香案，在刀剑下鸣誓"相同。既然五祖的名字只是写在誓词上，除了见过誓词的谢志，参与者大概都对这些名字没有多少印象。当然，设立了香案，在什么神前做这个仪式始终是个问题。它不一定是五祖，甚至不一定有牌位或神像。严烟拜会所用的誓词头一句，"后土尊神为证"，这位神或许是土地神；谢志则供"对天立誓"；而陈潭犹记得"伸指朝天记号"。综合以上种种，此时拜会所敬拜的神很可能就是"天、地"。

在朝廷的命令下，南方数省的地方督抚跟踪供词的线索勾画出地方上拜会活动的普遍性。但是并没有搜获多少密谋造反的证据，只有很多为了寻求保护参加拜会的案子。在广东与福建交界的惠潮地区，官府捉到卖酒的许阿协。据供，他在路上被抢劫后，有个赖阿边对他说："你若入了天地会，将来行走便可免了抢夺，此时被抢银子亦可代你要回。"于是，许阿协便跟从赖阿边拜会，之后赖教了许秘密的手势："如遇抢夺的人，伸出大拇指来，便是天字，要抢的人必定将小拇指伸出，就是地字，彼此照会，就不抢了。"又："如遇会中的人，吃烟吃茶，都有暗号。"同时，也传授他一首诗，徐阿协记得"木立斗世知天下，顺天行道合和同"两句[⑪]又有赖阿恩，也是怕路上遭抢拜了会。领他拜会的梁阿步是管戏班的人。赖"烧了香，同他拜了天地"，然后梁给赖传授了暗号。赖说："如遇有抢东西的人……只用手指三个，按住自己心坎，就不抢了。又说，举大指为天，小指为地。"也传了他一首诗，赖记得三句："日月车马三千里……木立斗世知天下，顺天行道合和同。"[⑫]另一个跟梁阿步拜会的林阿俊，也记得"触破机关定不可，忠义存心不可忘"两句诗，和烧香发誓的话："说破机关，死作刀下之鬼，若不说破，万代富贵。"[⑬]还有在墟上卖饭的涂阿番，跟趁墟贩卖木桶的黄阿瑞拜会，学到"以大指为天，小指为地，吃烟用三个指头接烟筒"的暗号[⑭]还有唱戏的林功裕，刚娶了妻子，有个叫林三长的人跟他说"尔定了老婆，须入天地会才好娶回"。随即在林三长书房拜会，"把剑两把义〔叉〕插地下，叫小的由剑下走过，发誓若触破事机，死在刀剑之下"。拜会后，林三长也把密语与手势给了林功裕，就是"用三指接递茶烟，如路上有人抢夺，把三指按住胸膛，即可无事。同会的人查问，只说是水里来的话"。也有一首诗："洪水漂流泛滥于天下，三千结拜李桃红，木立斗世天下知，洪水结拜皆一同。"[15]

以上段落不厌其烦地描述拜会的细节，意在说明，其实清政府在惠潮地区找到的拜会，与严烟所供出的情况，虽然在轮廓上相似，但是背后引用的故事很不一样。大体上，两者都有引用"天地会"的名目，入会过程都包括烧香发誓，手势都利用三指作符号，都有诗句，其中"木立斗世"句频频出现。许阿协表示这句话代表几个年份：木字，系指顺治十八年（1661），立字系指康熙六十一年（1722），斗字系指雍正十三年（1735），世字系因天地会起于乾隆三十二年（1767）。根据这句话，历史学者推敲天地会起源的年代。但是，更值得注意的是惠潮地区的拜会没有提到严烟所提供的天地会起源史，没有提到姓朱、姓李的人创办，没有提到洪二和尚，也没有提到用洪字作暗号。我们可以假设三只手指的暗号代表"洪"字的三点水边旁，但是三只手指也同样可以代表包含在天地会名称的"天、地、人"。

秦宝琦先生看出了这两套仪式的分歧，所以他说："福建省的天地会组织，从其结拜仪式与联络暗号的内容来看，可以分为两支。"⑯一支用"钻刀、歃血等简单仪式，联络暗号也仍为取物、吃茶，俱用三指向前"。另一支"则作了较大改变……设立'万提喜即洪二和尚牌位'，用木桶一个，内插五色旗五面，中间插红纸一面，并且用布搭'桥'……口念：'有忠有义桥下过，无忠无义剑下亡'。誓毕，用刀宰鸡取血，滴酒同饮。然后又分给每人红布花帖一件，作为入会凭据"⑰。严烟说，拜会只是拜天地的意思。这句话非常重要。早期的拜会在拜天地，万提喜是作为一同在拜天地的传授者，还没有成为被祭祀的对象，也就是说，万提喜的牌位尚未嵌入仪式之中。设立万提喜牌位，用木斗（或称木桶）插旗，以布搭桥，是仪式程序的一个重要转变。

二、嘉庆年间以"木杨城"为仪式中心的拜会

在万提喜的牌位前拜会是从什么时候开始的呢？秦宝琦先生有关仪式"较大改变"的原文引自嘉庆十七年（1812）捕获的卢三的口供（卢三故事见本书第二章）。卢三确实说在嘉庆二年他拜黄华曾为师，拜会时，设立了洪二和尚牌位，插有五色旗的米桶等。[⑱]这个说法与同案李魁升在嘉庆十六年拜会相似。按照这两份口供，李魁升的师傅是陈纪传，陈纪传的师傅是卢三，卢三的师傅是黄华曾，黄华曾的师傅是卢盛海，一脉相承。根据这段资料，秦宝琦先生文断定，最早设立洪二和尚牌位拜会的案例在嘉庆二年。但是这个承传的脉络，似乎有张

冠李戴的部分，值得商榷。我们相信最早记录的资料更接近于嘉庆十一年。

问题出在这两件被分别破获的案件之间是否具有连续性。卢盛海是实有其人的。他出现在嘉庆十一年破获的周达滨案。这个案件的供词显示，江西会昌县天地会的传播，由"肩挑度日"的会昌人周达滨通过在福建永定县"投天地会首卢盛海……为师，……得其传授即可转传徒弟"。拜会时，"卢盛海当即供设从前传会之万提喜即洪二和尚牌位，用蓝布、白布各一段，搭放两边椅背作为布桥，又将红布一块用秤钩挂在桥上，令该犯（即周达滨）从桥下钻过。卢盛海口诵俚词，以伸信誓。仍宰鸡取血并针刺指血滴入酒内共饮。又将红布一块，上写请神名号，并历来传会各匪姓名。又给红纸花帖一张，写有卢盛海相传字样。帖尾写有顺天年月，以为日后传徒凭据。并传开口不离本，出手不离三，及三八二十一口诀，暗藏洪字笔画在内，以便同会之人彼此关照。议明日后收徒，得有银钱与卢盛海均分"。拜会后，周达滨回到会昌传徒，但是他与卢盛海还是保持了师徒关系。到了同年八月，周达滨把卢盛海请到会昌，给他四千文，安排他住在刘梅占家，请他在发出的花帖上"补书花押"。官府获得消息，卢盛海逃脱。官府在刘梅占家找到红布、红纸花帖和一份文折。[19]

清政府在刘梅占家搜获的文书中，插了旗的木桶（或木斗）称为"木杨城"。文书中有两幅"木杨城对联"："地镇高岗一派溪山千古在，门朝大海三河合水万年流；白云冬青洪姓府，天照分明成祖家。"对联说明木桶代表高溪洪姓的祖庙。[20]

所谓卢盛海徒弟的黄华曾则出现在嘉庆八年发生于永定的"张配昌等结立和义会"案。此案源于嘉庆七年入了和义会的杜三妹，"窥看妇女"而至殴打。地方举人、贡生、生员告官，称为他出头的张配昌曾拜会。据审讯，张配昌是仙游人，在当地开首饰店。在嘉庆七年四月，随黄华曾同拜贩卖茶业为生的漳浦人陈邦为师。报告没有提到拜会，只说："陈邦……传授取物、吃烟俱用三指暗号，并传'一面不相识，今日来相逢'两句口语。"同年五月，黄华曾与张配昌共同组织拜会，张配昌招了卢体贻等十九人，黄华曾招了五人。报告没有描述拜会的仪式。随后便发生了杜三妹的事件。[21]

可见，周达滨案没有提到黄华曾或卢三，我们也没有理由相信张配昌案的卢体贻就是卢盛海。与卢三有关的陈纪传案（见本书第二章）也没有提到黄华曾或卢盛海。在刑讯的条件下，卢三在嘉庆十七年的供词，有多少根据他的记忆，又有多少出自于他在刑讯下为了满足官府收集各处天地会的网络关系的要求，是需要考虑的问题。比较切实的记录是周达滨嘉庆十一年的口供，与在刘梅占家搜获的文折、红布以及红包花帖。

供词与作证的文书用词有着微妙区别。首先，厘清两者之别。供词没有提到木桶，也没有把"万提喜即洪二和尚牌位"说成是"木杨城"，或洪姓的"祖家"。这两个名词只出现在文书上。在红布上写有"请神名号，并历来传会各匪姓名"。所谓"请神名号"开列各种乡村普遍公认神祇，包括关帝、玉皇、观音、上天圣母、玄天上帝、迦蓝菩萨、五显、岳王、五谷、财帛星君、五雷神将、福德龙神、三十六天罡、七十二地煞，本坊土地。接着就是所谓"历来传会"的天地会人物，包括"方大洪、五房大哥""万提喜大哥、后五房大哥及历代大哥"。诸神名号，到此为止，紧接着的是卢盛海的法传，从"铁鼻大哥"到黄清、卢盛海、介绍周达滨跟随卢盛海的曾昌汉和邱琼源、到周达滨、周达滨的徒弟刘梅占和何周德。最后是以周达滨名义发出的誓文，词曰："今据滨等非敢以邪匪为心，妄生异志，愿同心同力，凡持身处事，不敢有负神恩"，等等。红纸花帖是"传徒凭据"，内容是"周达滨承卢盛海、曹昌汉、邱□源命，付托刘梅占、何周德奉祀万大哥香火"。下款有传书、在场、保结、代笔人的名字和花押，最后是"顺天丙寅年七月十八日周达滨公举"十来个字。卢盛海与周达滨做完拜会仪式，才给他红布与红纸花帖。我们无法得知，拜会时，卢盛海口中念的文词，但是周达滨没有念词的要求。周达滨在参与拜会时，是没有接触红布、红纸花帖与其他文书的。[22]

要了解口供与同时使用的文书的分歧，我们需要比较已经介绍的三件有口供描述与文书对证的案件，就是乾隆五十二年林爽文案、嘉庆十一年周达滨案与嘉庆十六年陈纪传案。其一，严烟的拜会誓词，令会众"本原异姓，缔结全洪"。这个说法符合翁同文先生提出，郑成功后，台湾有"以万为姓"拜会的传统。[23]但是，周达滨与陈纪传拜会的重点不在于此。其二，清政府搜获周达滨、陈纪传案的花帖，描述万提喜之后，分作五房，在严烟誓词中没有这些内容。其实，所有台湾林爽文事件的档案都没有显示出天地会五房的故事。其三，周达滨、陈纪传拜会后，给予参与者红布、红纸花帖，作为"传徒之据"，严烟的拜会则同样没有这些内容。以上分歧暗示着有一个隐蔽的发展，即原来让所有参与者成为同姓兄弟的仪式，开始演变为具有承传脉络的传会者的演绎场域。

习惯于华南乡村宗教仪式的研究者，大概都非常熟识并可以从中区别出仪式演绎者与仪式参与者的这一场景。仪式参与者面对的是他们比较熟识的神祇，或者还有祖先、师傅的牌位；这些大都与日常生活的环境相关。而演绎者则通过他（或她）自身的法力，迎请到其他更为重要、法力更高的神祇。在乡村普遍存在的醮会仪式中，道士们（演绎者）即是在宇宙中根据其传法传统的科层设计与更高层级的神明打交道。比如，他们需要清洁道场，在仪式上演绎出跋山涉水拜师求法的艰辛，以及由此得到传法师傅法力襄助，并通过自身的修炼晋级，以达到相应的官阶。如此，他们才有迎请重要神祇光临的依据。参与仪式的人（参与者），或多或少对请来的神祇有些概念；但是对于怎样洁净坛场、书写表文、发送表文，以及在坛场中以与宇宙沟通的姿态步罡踏斗，除非受过道士的专门训练，普通老百姓大都只是可以隐隐体会出这些是科仪专家所掌握的专门知识，且不容易传授。道士们做法事有本（科仪本）可据。但是文本的演绎，并不是一套机械性的反应，而是通过演绎者的表现技巧得以呈现。某一句经文要怎样念诵，其时手与足如何动作，都是通过师傅传授。因此，即使文本的文字可以传抄，但是繁复的科仪细节的传承却不能脱离了师承，以及实践与演练。不过，文本的内容虽然并不是参与者的普遍知识，但是通过仪式的展演，他们也参与到了文本的世界观。参与者甚至可以对文本没有了解，但是通过仪式，他们却可以产生种种感受与共鸣。

由此，我们还需要分辨文本的变化与仪式的变化。细读乾嘉之间有关天地会的档案，极少提及天地会的五房，“反清复明”的口号更没有见到。乾隆五十七年破获泉州“靔黖会”牵涉一百三十二人，起获八十一张印有“顺国源分”四个字的“号纸”(入会证明)。传会人陈苏老“忆及从前天地会内之人，到处纠约，互相帮助，无人敢欺”。陈苏老与他的同伙苏叶“又以现闻广东石城县高溪地方洪三房即朱九桃亦有起会之事”。这里的“洪三房”有可能反映总共有五房的意思，但是拜会仪式只包括陈苏老“传授三指诀，并教令入会之人，须架起双剑，先从剑下钻过，焚香设誓，受拜为师”[24]。乾隆六十年台湾陈光爱结会，“设立香案，排列牲醴、香烛……拜天立誓，歃血饮酒而散”[25]。嘉庆初年在福建破获的“拜会”案件大概都是这种形式，官员的报告几乎没有详细描述仪式的内容，其大致格式只有“入天地会……拜(某某)为师，传授……吃烟取物，都用三指向前暗号……也没有歌谣诗句，不法字迹”之类的话带过。[26]嘉庆七年广东新会郑嗣韬拜会时，“用木斗一个，斗内插五色纸旗五面，上写日月清风令五个字，又插剑二口，剪刀、尺各一把，铜镜一面，置放桌上，并用黄纸开写众兄弟沐浴，拜请天地日月，各人以洪为姓，患难相扶，拜天为父，拜地为母等字。歃血拜讫，郑嗣韬持刀在手，口称'忠心义气剑前过，不忠不义刀下亡'，令黄思聘等各在刀下钻过，日后听其指挥。每人分给大小布记号二张，并传授开口不离本，举手不离三，作为日后相逢暗号"[20]。这个详细的描述也没有提到万提喜的牌位。在广西，同时期有好几次的拜会是在民间流行的神明前进行。嘉庆十二年广西宣化县何有信拜会，"用红纸书写关帝牌位，将拜位(疑拜会之误)之人写一名单，梁大有('大哥')上前拈香，何有信、方仕纶二人分列左右，余俱随后跪拜，用鸡血滴酒，分饮设誓毕，梁大有将神牌名单焚化，传授众人出手不离三，开口不离本十字。并令出门将项下第二纽扣解开，衣向内折，使同会之人不必通问，一见便知，彼此得有照应"[21]。嘉庆二十年，江西崇义县钟体刚拜会立乾隆十二年湖北罗田县起义的马朝柱牌位。[29]

从嘉庆十一年（1806）至道光十年（1830），福建与江西发现了十一起设立万提喜牌位的拜会（包括前引卢盛海案）。[30]例如，嘉庆十三年江西捕获的王新涛拜会时，"设立从前传会之万提喜即洪二和尚牌位，用布搭于两边椅背，作为布桥，阙祥、朱石崇（拜会主持人）口诵，'有忠有义桥下过，无忠无义剑下亡'之语，令王新涛、连士泷、何顺瀇（参与者）从桥下钻过，并各用刀砍断鸡头取血，令分饮血酒，传授开口不离本，出手不离三……口诀"[31]。在破获拜会团体的时候，也比较多地发现天地会的文献，官方记录开始称之为"会簿"。嘉庆十二年福建南平县林应伟案，发现残缺不全的会簿内有"顺天、李朱洪、五点二十一及祖是万大哥等句"[32]。嘉庆十七年福建武平县搜获的会簿、盟单、符咒，也写有"顺天年月及李、朱、洪"等字。[33]诸如此类的例子，此处不再罗列。秦宝琦先生所论及的仪式有"较大改变"的时期，大概就是从嘉庆中期至道光初期。

但是，即使如此，拜会参与者从万提喜的牌位中又能领会到多少天地会的故事呢？这当然也值得追问。嘉庆六年，广东海康县林添申从福建同安陈姓看相人得到"天地会旧表一纸"。口供没有提及他与陈姓人拜会，只提及他利用这张旧表同年组织了拜会。拜会之时，他拿出表文给其他参与者传看。表文内有"复明万姓一本，合归洪宗，同掌山河，共享社稷，一朝鸠集，万古名扬"。表后写天运辛酉字样。据供词记录，参与拜会的人"各皆惊骇"，但是，林添申解析"此表文原系旧表，不过取大家同心协力之意，可以无碍"。在这个解析下，大家方应允。^④嘉庆十一年福建南平李文力拜会，师父郑兴"搭起神桌，写万和尚牌位，中放米斗、七星灯、并剪刀、镜尺、铁尺、尖刀，及五色布各物，令入会之人从刀下钻过，立誓相帮，传授开口不离本，出手不离三，取物、吃烟俱用三指向前暗号，并私给李文力旧会簿一本，嘱令传徒敛钱"。接受了"私给"（所以并不是所有拜会的人都收到）会簿的李文力，"查看簿内有顺天违悖字样，畏惧不敢收藏，仅在账簿后抄出符式，即将会簿烧毁"⑤。嘉庆十五年长汀县钟家旭案，发现"写顺天年月，及代天行道"的花帖及有"悖逆语句"的折本。⑥钟家旭还供称："谢佩成（主持'拜会'者）给帖之时，只说系会内流传旧话，五房大哥吴天成等，亦是从前相传名字，小的都不认识。"⑦嘉庆十八年拜会的张显鲁，收到符字、图记、纸条，"携回查看，内写顺天行道，并已获正法之吴子祥及黄廷臣姓名。该犯因字句违悖，收藏在家，不敢告人"⑧。张显鲁拿到文书可能因为他给了番银一元的费用，其他拜会的人只给三百三十文，等于他所付的半数之资。道光三年江西大庾县捕获的张正元说得更清楚："如得授合同，钻桥饮酒，即可自行传徒；如未获授合同，所纠之人仍作伊师之徒，得钱均分；如仅止钻桥未饮血酒，不准纠徒分钱，遇打降等事，可纠同会人帮助；若仅传口诀，并未钻桥者，只能免同会人欺负。"③嘉庆十八年，云贵总督审讯拜天地会的张效元后上奏报告，曰："张效元至林闰才家看望，林闰才留饮，并言伊从前在王姓处抄得会簿一本，须有会簿之人，始算得有真传。"④嘉庆十四年广西周卜一的口供类似："周卜一至周文运家闲谈，问及会内如何为师傅？周文运告知有会簿二本，若解得簿内诸句，可为师傅。"④

嘉庆十三年广西贵县、平南、桂平等县颜亚贵案捕获了两百多人，此案最能体现出文本、故事与秘密在传播上存在不同层次。南海颜亚贵藏有一本来自一个挑卖杂货的南海人颜超的《桃园歌》。颜超曾跟他说，广东石城县有洪启胜、蔡德忠、方大洪等人，"已纠多人欲行谋反，令伊（颜超）来西省邀人入伙"。颜亚贵说颜超嘱令他各处找人，"以拜天地会为名，只说遇事帮助，可保守身家，切不可言及《桃园歌》本意"。颜超与颜亚贵拜会，传授暗号、手诀，给他一份《桃园歌》抄本，及一柄名为"清风扇"的白纸扇。他并嘱咐颜亚贵"每拜会择其交好者，立为大哥，自称师傅，将谋逆之事，只向大哥告知，其余不可泄露，并将纸扇传给大哥，以为拜会记号，俟广东有信，再传知众人起事"。颜亚贵与他的徒弟，多次拜会，均照如是。《桃园歌》本身内容，只是一篇请神祷文。所谓谋反的部分，只因开头几句话："天地否，奉六合，复明去清。"下文继续"是夜本月在于△△村△△社下居住香主弟子△△，携带众信弟子，天地结拜"。五房的信息包括在请神名单内，只是从皇天后土到桥头土地的众多神祇中的其中几位。其后是毒誓，"露出根基者，刀下死，剑下亡"等语。^②可以想象，由于有身份层级上"不可泄漏"的诸多限制，大都参与拜会者，大概只会看到"师傅"在喃喃自语，既不知道他在请什么神，也或许更不知道有天地会五房的祖先包括其中。

在这些案件中，五房的信息并不展示在牌位上，而是秘藏于会簿中。拜会时传会人拿出来，口头向参与者介绍内容。有时候参与者直到这一步才知道天地会"谋叛"的性质，大部分人也只是参与，不抄录会簿，但是，打算传会的人则需要拥有会簿才可以证明其有传授的权力。

三、投奔"木杨城"的戏剧性

秘密扩散以后，传会人怎样才可以持续性地维持主导地位？这是一个重要的结构性问题，关键之处就在于秘密的层次。如前所述，但凡仪式的演绎都包含着表演的性质，拜会仪式也不例外。通过仪式演绎，传会人表达仪式内涵。与任何表演一样，演绎者与参与者之间，必须存在沟通流程。演绎的讯息，通过这些流程，传达至参与者之间。因此，演绎者要长期维持主导地位，就必须不断地推出新的表演。组织天地会拜会的传会人，面对同样处境与生存道理。

最极端演绎"谋叛"的拜会，无过于嘉庆七年广东博罗县陈烂屐四案。陈烂屐四举行了"祭旗"，让他的父亲身着黄袍做"老大王"，他坐在旁边做"大王"，还封了二十五人为元帅和先锋。第一历史档案馆保存了他所使用的其中一面旗，上有五房名字，并"结万""姓洪"等字眼，有结盟诗，无疑是天地会的传统。[43]陈烂屐四祭旗的时候，两广总督觉罗吉庆已经带领军队，连同民壮，在惠州一带镇压他声称有一万多人参与的以天地会名义结会的团体。觉罗吉庆浓墨重彩的报告，甚至引起了嘉庆皇帝的怀疑，认为他处置的办法有"滥杀激变"的可能，因此罢免了他两广总督的职位。而后觉罗吉庆自杀身亡。[44]当然，由于其极端性质，陈烂屐四的祭旗可以看作是例外事件。

除了嘉庆五年有一个广东的例子显示拜会是在墟市

的一座神庙"搭台"举行，天地会拜会大多数在村外"荒地""僻处""废庙"举行。⑮普遍性的场地选择反映出拜会既需要躲避官府的注意，同时也需要增加其神秘性。可以想象，在这些荒僻、废弃之所，入夜之后，搭起白布长条，有人手持武器，指引新丁从布下走过，走过后，歃血、发誓。新人不管原来姓氏，此后都成为姓万、姓洪的兄弟。这实在是个充满神秘感，高度戏剧性的过程。嘉庆十六年左右开始的变化则是把插有五色旗的木斗，置于仪式核心。一个由原来对着祖师发誓的仪式，演变成在展演上需要经由一段路途，抵达广东省凤花亭高溪庵，才能完成。嘉庆二十四年贵州拿获的刁胜和身上搜到的一首诗把这段路程生动地描述出来："一进洪门义结兄，当天立誓表真情。长沙湾口连天外，渡过乌龙见太平。铜铁成桥兄弟过，桥心一望木杨城。柏松亦知分桃李，情节红花结议亭。忠义堂前兄弟到，城中点将八万兵。福德祠前层起义，剿□清朝载复明。"⑯走的这一段路，给予了拜会很大的空间来演绎天地会的故事，包括民间熟悉的典故，以及路上的所见所闻。

在天地会的文书中，口诀与手势逐渐发展为戏剧性的问答文体。嘉庆十六年广西东兰州姚大羔案收录的"会簿"，长达几千字的部分就是这类问答。例如："又问：兄弟尔桥上过桥下过？答曰：桥下过。然何桥上又不过？答曰：有三人把守。是何人把守？答曰：桥头有关圣帝君，桥中有观音娘娘，桥尾有土地伯公。又问：桥下有籁，尔那样得过？答曰：脚穿铁板鞋"等。[47]这里的引文只是"盘问兄弟"段的一个小片段，其他还包括"盘问兄弟说话""路上盘问""盘问包袱""盘问房屋"和"盘问烟筒"。[48]这些细节繁复的对话不可能是主持拜会人与"新丁"之间的互动，只可能是主持者相互配合的表演。福建、江西甚至广东的拜会，往往只是一个"师傅"主持，嘉庆中期后广西的拜会，除"师傅"外，还有"大哥"名目。太平天国时期广东"拜会"由"老母""舅父"二人主持。两位主持人的出现或许正是与拜会中问答设计的应用相配合。但是，实际上，提到问答内容的口供极少，只有嘉庆二十年福建霞浦欧狼案内的寥寥几句："又问：从哪里来，哪里去？答：从东边来，西边去。问：从哪里过？答称：桥下过。"⁴⁹即使在姚大羔案的口供中也没有显示出会簿记录的对话应用在拜会的仪式之内。⁵⁰

究竟有多少拜会仪式的实践中出现了对话环节？这是个只能凭借猜测作答的问题。但是，在嘉庆末年、道光初年的广西，倒有几个案例表现出拜会者会应用道具和人手来增加神秘的气氛。嘉庆十七年桂平县拿获的何达佳、尹之屏等人，不止有师傅、大哥等名号，更动用了多人，有"用竹扎架为红门，着人在外瞭望为把风，持刀站立红门两旁为把剑门，引人入会为保举，领会内人钻红门为带令，拜神祝祷为祀神，上香为副香，煮食为落厨"等其他名目。官府在此案也发现拜会所用问答文书。⑤嘉庆二十二年在广西恭城拜会，五色旗插在写上"忠义堂"三个字的案桌，"外用篾圈三个，每圈派令先曾听从梁老三结会之（人名从略），各执铁尺尖刀在旁把圈。梁老三自称总大哥……并令李冰怀戴用红布同刘老二等各从圈内钻过，名为过三关。复令跳火盘，名为过火焰山"⑧。嘉庆二十五年，广西灌阳县有人投递亲历天地会拜会的报告，情况类似："见内有三十余人，设篾拱门三层，每层左右各一人，手执顺刀、铁尺，门下放水一盘，燃信香三炷，令人者俯伏跪下，手执信香投入水盘内盟誓。如不跪，不盟誓，即以铁尺击背，刀架于颈，示杀之状。二层、三层亦如之，名曰'过三洞'。堂上架桌三张，上安谷斗，内插金花五色令旗，上写八字，语极悖逆，一人坐于上，名曰大哥；一人旁立执笔，头扎红巾，名曰先生；又有一人引初入者跪伏于下，问'汝自来或父母令汝来?'即要应曰：'自来。'又问'心愿不心愿?'必要应曰：'心愿。'又问'上坐者可做得大哥否?'必要应曰:'做得。'又云:'大哥到旨要汝等攻、劫、剽、掠,一一遵依。至于同会内兄弟有口角争斗,或是或非,亦必要听大哥处分责惩。虽至冤屈之事,亦毋得经官。'稍有不应即以铁尺重击。问毕,然后入会者陈供姓名,开载红纸单内,并载明各钱若干,乃刺中指出血滴入酒内分饮众人。又有一人名曰教师,即令称为千里马者,各授以新草鞋一双,扇子一柄方散。"③

拜会的问答,形同剧本。剧本有其本身的脉络和逻辑,也可以与其他民间文献的脉络、逻辑相比较。正如秦宝琦先生所指出,天地会与白莲教的一个很大的区别在于天地会没有经文。说得更具体一点,就是天地会的拜会不是诵经的传统,而比较接近福建、江西、广东,尤其是客家地区流行的闾山派道教的仪式传统。在闾山派的仪式中,法师是主要主持者。虽然由道士/法师举行法事,同时也需要村民参与抬神出游、"走火盘"(就是在热炭上疾走）等活动。仪式充满着浓郁的乡村庆典的气氛。同时，道士们/法师们都有师傅传授的科仪本，以及符箓。拥有哪些符箓、哪些科仪本本身就是道士们/法师们确认法力的根据。而天地会的会簿与科仪本相似，既记录仪式实践所需内容（包括请神名单、净坛咒语、符咒画法等），又象征着法力传授。天地会的会簿，亦与乡村常见的"帖式"有类似成分，其内容包括重要礼仪（例如婚、丧礼）所需的各种文献，以及村落里庙门、神坛、祠堂、店、桥等地点所张贴的对联。虽然口供的描述能有多么全面，是一个问题；但是"拜会"的手抄记录究竟有没有完全地落实在实践上，也是一个问题。对于二者，我们都难以给出确定的答案。唯独清楚的，就是在这些文献记录上对于仪式所需的道具包括虚拟场景中的对联有所准备。木杨城的对联之用意，就是贴在仪式核心的木斗之上。嘉庆十六年从广西东兰州姚大羔搜到的"会簿"就包括这类对联。㉝

通过"拜会"、官府的追缉、文书的传抄，至道光年间，有关"天地会"的知识已经广为流传。道光十年（1830），给事中刘光三向朝廷报告：广东省会匪之中"其最为民害者，则有三点会，所谓开口不离本，举手不离三等号，粤东士民，莫不周知"⑤。广为流传不只增加"天地会"的知名度，也增加了它的可信度。

四、小结：真实性和真实感

"天地会"的故事活在三个领域。第一，它有实质的部分。传会人收到"拜会"者所缴付的费用、被清政府捕获的人承受官府的惩罚，这些并非想象而是确实在物质上和身体上感受到的结果。第二，它有仪式的部分。仪式有其物质的根据，但是仪式也启发人与人之间的幻想。一个木斗可以在仪式上变成一座"木杨城"，"拜会"者在小小的空间中钻圈钻刀代表一同走过一段惊险的路程，然后，来到广东高溪庙洪姓的家庙，在祖先前发誓永结同心。第三，它还有语言和文字的部分。传会人口头传授"天地会"故事、口诀和手势，参与者照誓词发誓，"拜会"主持人一问一答演绎"天地会"的神秘，这是口传的部分。口传以外，还有写本，包括花帖、对联、诗歌，以及传会人所用的会簿。大部分拜会的参与者没有看过"会簿"，也相当部分根本不具备读懂会簿内容的文字的本领。"天地会"的故事在这三个领域不停地转化，在短短三四十年间，从在神前结拜的仪式演变为具有丰富戏剧性的参拜。

在物质领域，作为学者的问题往往是事实真切不真切。诸如，有没有天地会？有的话，它的源头在哪里？拜会是否就是谋叛？在礼仪领域，比真切性更贴切的问题却是真实感，也就是说，真实或不真实再不是从物质上论证的问题，传会人只需要依靠文本作为仪式的根据，而具体参与者的参与感则可能是一个感觉程度序列上的某个节点，从一端，即是直接的参与体验；到另一端，可能仅仅是对于仪式文本演绎出的气氛的某种感觉。清代档案资料停留在物质领域，对气氛描述寥寥。历史学者也只是可以凭借传会人增加仪式的戏剧性假设他们意图让参与者能够更加地投入。由此，我们可以理解文本在仪式的轮廓下，互相抄袭和不断引申。面对仪式与文本，研究者可以去问它们代表什么意思？但是我们也必须知道，这个问题的答案仍是有不同的层次。研究者看到的"意思"不一定是当事者感受到的"意思"。

历史学者通常从档案材料出发，很少特别注意仪式演绎，更甚少注重讨论仪式的"意思"。在这一方面，田海先生是例外。他以为天地会故事的来源存有"末世"的概念（有点类似于田先生所详实地研究过的白莲教），他也以为"拜会"仪式有死后重生的象征。我们的看法却不太一样。"天地会"没有一个核心组织，所以仪式变化除了从天地会的故事演绎之外，大都只有就地取材。田海先生所引用的一些案例，的确显示出拜会加插了"末世"意念，也会利用道士的驱邪符咒。⑩但是，我们感觉比较奇怪的倒是这些例子并不多见。尽管"天地会"没有统筹，拜会仪式的变化大体上还是朝着演绎天地会的故事的方向发展。至于死亡与重生，我们读到的材料没有在这方面有过多地暗示。拜会仪式与丧礼假如有所类似，也只不过是借用。我们相信仪式的转变主要是从在天地前结拜发展到拜会时以象征"木杨城"的木斗为核心，从而围绕木斗所进行的戏剧性发挥。传会人是流动的，拜会的文本也可以流传，不同地方的拜会在仪式上的类似表现就是讯息流传的后果。

注 释

① 维克多·特纳著，黄剑波、柳博赟译：《仪式过程：结构与反结构》，北京，中国人民大学出版社，2006。

② Gilbert Lewis, *Day of Shining Red*, *an Essay on Understanding Ritual*, Cambridge: Cambridge University Press, 1980.

③ 田海著，李恭忠译：《天地会的仪式与神话：创造认同》，75 页。

④ 《福建审讯杨振国得知天地会之起源》(乾隆五十二年正月初六日)，见《清廷查办秘密社会案》第 20 册，4919 页。

⑤ 《审讯严烟供词笔录》，见《清廷查办秘密社会案》第 20 册，4995 页。

⑥ 《审讯严烟供词笔录》，见《清廷查办秘密社会案》第 20 册，4996～4997 页。

⑦ 《天地会副元帅兼左都督林军令》(乾隆五十二年五月二十三日)，见《清廷查办秘密社会案》第 22 册，5807～5808 页；郝治清：《关于天地会盟书誓词与请神表文》，91～99 页，载《中国历史博物馆馆刊》，1987(0)。

⑧ 因为严烟的供词提到"天地会"是姓朱、姓李创办，传给和尚万涂喜，填上的名字也可能是朱、李，而非五祖。

⑨ 《台湾续获张标复兴天地会案内谢志等人并审明正法定拟》(乾隆五十六年正月初十日)，见《清廷查办秘密社会案》第 28 册，7803 页。

⑩ 《台湾审拟结立天地会陈潭等人》(乾隆五十七年八月初六日)，见《清廷查办秘密社会案》第 28 册，7839 页。

⑪ 《审讯许阿协等人供词笔录》，见《清廷查办秘密社会案》第 20 册，4928 页。

⑫ 《审讯许阿协等人供词笔录》，4929 页。

⑬ 《审讯许阿协等人供词笔录》，4929～4930 页。

⑭ 《审讯许阿协等人供词笔录》，4929～4931 页。

⑮ 《审讯林功裕供词录》，见《清廷查办秘密社会案》第 20 册，4949～4950 页。

⑯ 秦宝琦：《清前期天地会研究》，143 页。

⑰ 秦宝琦：《清前期天地会研究》，144 页。

⑱ 《江西续获李魁升天地会案内卢三并审明定拟》(嘉庆十七年二月二十三日)，见《清廷查办秘密社会案》第 30 册，8542 页。

⑲ 《江西会昌拿获改天地会为三点会之周达浜并审明定拟》(嘉庆十一年十一月二十六日)，见《清廷查办秘密社会案》第 30 册，8474 页。

⑳ 《查获卢盛海遗下纸折抄件》，见《清廷查办秘密社会案》第 30 册，8480 页。

㉑ 《福建拿获永定张配昌等结立和义会并审明定拟》(嘉庆八年二月十七日)，见《清廷查办秘密社会案》第 29 册，8258～8262 页。

㉒ 《查获刘梅占所存红布花帖抄件》，见《清廷查办秘密社会案》第 30 册，8478～8479 页。“红纸花帖”没有收入《秘密社会案》，只见于中国人民大学清史研究所、中国第一历史档案馆编：《天地会》第 6 册，4 页插图，北京，中国人民大学出版社，1987。

㉓ 翁同文：《康熙初叶‘以万为姓’集团余党建立天地会》，新加坡：南洋大学研究院人文与社会科学研究所，1975；庄吉发：《从清代律例的修改看秘密会党的起源及其发展》，110 页。庄吉发条出版资料见本书第二章，注⑥。

㉔ 《广东审拟陈苏老等人改天地会名为靝黥会案分别办理》(乾隆五十七年八月二十五日)，见《清廷查办秘密社会案》第 29 册，8185～8186 页。

㉕ 《台湾拿获於凤山起事陈光爱等并审明办理》(乾隆六十年三月十七日)，见《清廷查办秘密社会案》第 28 册，7862 页。

㉖ 《福建遵旨核拟续获天地会林元陈统等人抢劫案》(嘉庆二年三月十二日)，见《清廷查办秘密社会案》第 29 册，8229～8230 页。另同书《福建拿获闽清僧人鹫鹏敛钱结会并审明定拟》(嘉庆三年二月十二日)，8235 页；《福建于建阳等地续获黄松江案内张管等人并审明分别定拟》，8237～8238 页；《福建续获龙溪天地会林中玉等并审明分别办理》(嘉庆四年三月初九日)，8242 页；《福建续获建阳天地会会首游效标等人并审明分别定拟》(嘉庆四年三月二十六日)，8245 页；《福建拿获浦城天地会会首罗名扬等并审明定拟》(嘉庆五年正月三十日)，8250 页；《福建拿获莆田白云寺僧弗性等结立天地会案并审明分别定拟》(嘉庆五年八月二十五日)，8256～8257 页。

㉗ 《广东新会拿获郑嗣韬等人结拜天地会案并审明分别定拟》(嘉庆七年九月二十日)，见《清廷查办秘密社会案》第 30 册，8671～8672 页。其他例子，见同书《广东拿获并审拟香山天地会会首黄名灿案》(嘉庆七年九月二

十日)，8675 页；《广东新宁拿获天地会陈积引等人并审明分别办理》(嘉庆八年二月十八日)，8683 页；《广东惠来拿获方振思等结拜天地会案并审明分别办理》(嘉庆八年二月二十三日)，8686 页；《广东潮阳拿获郑阿明等结立天地会并在洋行行劫案审明分别办理》(嘉庆八年二月二十三日)，8690 页；《广东续获天地会郑嗣韬案内林道经等人并审明定拟》(嘉庆八年八月初二日)，8700 页；《广东新会县拿获天地会会首陈芳洽等人并审明分别办理》(嘉庆九年三月二十九日)，8722 页。

㉘　《广西审明何有信等结立天地会及班国邦挟嫌图害等情并分别从重定拟》(嘉庆十二年八月初六日)，见《清廷查办秘密社会案》第 31 册，8878 页。同书，嘉庆十三年，"在神前拈香"，《广西审办卢闲家等结拜天地会案分别定拟》(嘉庆十三年十二月初八日)，8907 页；嘉庆十三年，"对神设誓"，《广东审拟来宾县天地会会首韦特成等人并分别办理》(嘉庆十三年十二月二十日)，8912 页；嘉庆十四年，"对神设誓"，《广西审拟宾州天地会会众杨社新等及来宾县杨西德分别办理》(嘉庆十四年正月初十日)，8920 页；皆没有注明什么神。

㉙　《江西崇义拿获钟体刚等纠人结拜添弟会案并审明分别定拟》(嘉庆二十年二月十二日)，见《清廷查办秘密社会案》第 30 册，8558 页。

㉚　《福建拿获武平添弟会会首朱世达等人并审明分别定拟》(嘉庆十七年四月二十五日)，见《清廷查办秘密社会案》第 29 册，8303 页；《江西龙南拿获钟锦泷等结拜三点会并审明定拟》(嘉庆十九年十一月十七日)，见《清廷查办秘密社会案》第 30 册，8554 页；《江西南康拿获三点会会首邓胜恩等人并审明定拟》(嘉庆二十五年十一月二十八日)，同书，8584 页；《江西万安拿获黄凤山等结立添弟会案并审明分别定拟》(道光元年十一月初六日)，同书，8588 页；《江西拿获审讯兴国赖赞章等结立三点会案并分别定拟》(道光三年十月十四日)，同书，8604～8605；《江西大庾拿获张正元等结三点会案并审明定拟》(道光三年十一月十六日)，同书，8607 页；《江西拿获审讯唐兴通等在万安结立添弟会案并分别定拟》(道光五年正月二十五日)，同书，8612 页；《江西遵旨审明定拟吴潮文结添弟会案》(道光十年三

月初六日），同书，8623 页；《江西审拟会昌蓝世兴等结立三点会案并分别定拟》（道光十年六月二十日），同书，8629～8630 页；《江西拿获并审讯赣县范恩仔等结立添弟会案分别定拟》（道光十一年八月初一日），同书，8644 页；《江西兴国拿获徐东畛案内余众王传告审明再结添弟会并分别定拟》（道光十二年三月初五日），同书，8648 页。又，朱浪四案与前引案不一样。朱浪四在乾隆五十六年从彭尚年"拜会"，设立万提喜牌位，至嘉庆二十年，戴凤飞从朱浪四"拜会"，只有"钻桥饮酒，传授花帖口诀"，没有立牌位的记录。以后，戴凤飞与他的徒弟历次组织"拜会"，俱没有设立牌位。见《江西遵旨严审定拟朱浪四等结立添弟会等情》（嘉庆二十四年五月十五日），同书，8575～8582 页；《江西审明南康林宝南等结立添弟会案并照例定拟》（道光三年九月初四日），同书，8596～8603 页。

㉛　《江西拿获广东天地会会首廖月似案内王新涛等人并审明定拟》，见《清廷查办秘密社会案》第 30 册，8493 页。

㉜　《福建查明林应伟收藏天地会会簿情形》（嘉庆十二年六月二十八日），见《清廷查办秘密社会案》第 29 册，8290 页。

㉝　《福建拿获武平添弟会会首朱世达等人并审明分别定拟》，8301 页。

㉞　《广东海康拿获天地会会首林添申等并审明分别定拟》（嘉庆六年十月十二日），见《清廷查办秘密社会案》第 30 册，8662 页。又见赫治清《关于天地会盟书誓词与请神表文》。

㉟　《福建拿获张显鲁等结仁义会并审明分别定拟》（嘉庆十九年八月十九日），见《清廷查办秘密社会案》第 29 册，8312～8313 页。

㊱　《福建拿获长汀钟家旭等人结立天地会并审明办理》（嘉庆十五年七月二十日，见《清廷查办秘密社会案》第 29 册，8292～8293 页。

㊲　《福建拿获长汀钟家旭等人结立天地会并审明办理》，8295 页。

㊳　《福建拿获张显鲁等结仁义会并审明分别定拟》，8310 页。

㊴　《江西大庚拿获张正元等结三点会案并审明定拟》，8607 页。

㊵　《云南审讯林闰才天地会案内张效元等人分别定拟》（嘉庆十八年十

二月二十日），见《清廷查办秘密社会案》第 32 册，9237 页。

　　㊶《广西续获天地会林琼宴案内周卜一等人并审明分别办理》（嘉庆十四年七月二十一日），见《清廷查办秘密社会案》第 31 册，8960 页。

　　㊷《广西审讯颜亚贵以〈桃园歌〉邀人结拜天地会案分别定拟》（嘉庆十三年十二月初八日），见《清廷查办秘密社会案》第 31 册，8896～8897 页、8904 页。

　　㊸《审讯陈士庄供词笔录》，见《清廷查办秘密社会案》第 28 册，7996～7997 页；《审讯陈烂屐四供词笔录》，同书，8003～8004 页。《天地会》第 6 册插图 2 页。又：Robert J. Antony, "Ethnic and Religious Violence in South China: The Hakka-Tiandihui Uprising of 1802," *Frontiers of History in China*, 2016, Vol 11, No. 4, pp. 532-562.

　　㊹《仁宗睿皇帝实录》卷一〇五"嘉庆七年十一月庚午"条，见《清实录》第 29 册，403～404 页；《仁宗睿皇帝实录》卷一〇六"嘉庆七年十二月癸丑"条，见《清实录》第 29 册，424～425 页。

　　㊺《广东阳江拿获天地会会首仇大钦等人并审明分别究治》（嘉庆五年六月初六日），见《清廷查办秘密社会案》第 30 册，8655 页；《广东海康拿获天地会会首林添申等并审明分别定拟》，同书，8662 页；《广东惠来拿获方振思等结拜天地会案并审明分别办理》（嘉庆八年二月二十三日），同书，8687 页；《广东拿获并审办东莞天地会蔡廷仕案内关念棕等人分别办理》（嘉庆九年四月十一日），同书，8727 页；《广东审拟永安天地会会首黄庭华等人结会抢劫案》（嘉庆十年四月二十五日），同书，8747 页；《广东顺德拿获严贵邱等结拜三合会并审明定拟》（嘉庆十七年四月二十二日），同书，8773～8774 页；《广西续获并审拟平乐天地会案内首伙张世聪等人先行分别办理》（嘉庆十二年三月二十七日），见《清廷查办秘密社会案》第 31 册，8863 页；《广西审办容县天地会会首黎树等人并分别定拟》（嘉庆十四年三月十五日），同书，8926 页。

　　㊻《搜缴刁胜和随身所带诗句清单》，见《清廷查办秘密社会案》第 31 册，8811 页。

㊼ 《缴呈姚大羔所藏会簿清单》，见《清廷查办秘密社会案》第 31 册，9019 页。

㊽ 《缴呈姚大羔所藏会簿清单》，9017～9028 页。

㊾ 《福建霞浦拿获结立父母会之欧狼等人并分别定拟》(嘉庆二十年二月三十日)，见《清廷查办秘密社会案》第 29 册，8335 页。

㊿ 《广西武缘县拿获添弟会姚大羔等人并审明分别定拟》(嘉庆十六年五月初七日)，见《清廷查办秘密社会案》第 31 册，9000～9005 页。

(51) 《广西拿获桂平县结拜添弟会并编造歌诀之尹之屏等人审明分别办理》(嘉庆十七年十一月初二日)，见《清廷查办秘密社会案》第 31 册，9095～9096 页；《查获之尹之屏所编添弟会歌诀》，同书，9100～9108 页。

(52) 《湖南审理在广西恭城李泳怀与梁老三等结拜忠义会情形》(嘉庆二十二年四月二十一日)，见《清廷查办秘密社会案》第 32 册，9139 页。

(53) 《抄录蒋宏慈等四月内呈抚藩各衙门粘单》，见《清廷查办秘密社会案》第 32 册，9151～9153 页。其他例子参见《广西思恩等地缉捕并审拟姚广等人结拜添弟会案照例办理》(道光元年四月十一日)，同书，9182 页。道光一年广西思恩等地姚广等人案，及《广西审拟阳朔练老晚等结立添弟会案分别照例办理》(道光元年十月十七日)，同书，9189 页。

(54) 《缴呈姚大羔所藏会簿清单》，9010～9011 页。

(55) 《著李鸿宾等查明香山是否实有三点会及勒索打单钱情事》(道光十年十一月二十二日)，见《清廷查办秘密社会案》第 31 册，8812 页。

(56) 田海先生主要的例子是嘉庆二十年江西省杜世明、李凌魁案[《福建泰宁拿获杜世明天地会案内陈淑金等人并审明分别定拟》(嘉庆二十年八月十一日)，见《清廷查办秘密社会案》第 29 册，8350～8357 页；《江西查明广昌等县廖干周等天地会起事缘由》(嘉庆八年十一月二十六日)，同书，8419～8426 页]。当事者设立“阳盘”“阴盘”两“教”，“有愿入阴盘教者，抄传经本，吃斋念诵，有愿入阳盘教者，传授开口不离本，出手不离三手诀口号。”(《福建泰宁拿获杜世明天地会案内陈淑金等人并审明分别定拟》，8351 页)。他另外两个例子，嘉庆十六年广西林崇三案[《广西缉获林崇三结拜龙华会案中首从全部并审明案情》(嘉庆十六年九月二十五日)，见《清廷查办秘密社会案》第31册，9051～9056页]、嘉庆二十一年江西李老五案[《审拟从福建解到江西之李老五陶省三等人并分别从重定拟》(嘉庆二十一年三月初四日)，见《清廷查办秘密社会案》第30册，8564～8575页]。两案都有牵涉主事人懂用符咒。林崇三"有符咒，可以调遣阴兵神将"(《广西缉获林崇三结拜龙华会案中首从全部并审明案情》，9053页)，李老五"自行学习治病符书，请乩符咒"(《审拟从福建解到江西之李老五陶省三等人并分别从重定拟》，8564页)。拜会有用符咒不止这两个例子，但是都没有"末世"的意念。

罗生门

秦宝琦先生不遗余力地提倡档案解读和田野考察相结合的方式，研究清代秘密社会。档案当然重要，因为在大量档案还没被应用的年代，历史学者只可以利用"有所错漏甚至被歪曲、篡改"的《清实录》。至于田野考察，"不仅可以挖掘到许多在文献和档案中没有的史料，而且可以订正、补充文献、档案史料中的某些不足或讹误"①。秦先生在这两方面用力甚深、成果卓著，对秘密社会研究的贡献，有目共睹。对历史学者而言，对于研究材料的探索是永无止境的。若能发现新材料，则是一种幸运。

我们偶然地发现了一些与"天地会"有关的文献，此前在一篇文章中已经做过介绍。②在本章，希望进行更详细的讨论，因为这些文献有其独特之处。历史学者所利用的第一历史档案馆的档案，包括了大量的奏折。奏折是高级官员向朝廷所做的报告，可以想象，在成文的过程中经过重重修改以求达到朝廷要求的水准。在这一章讨论所用到的资料，主要不是最终呈交到朝廷的奏折，而是在奏折形成过程中的文献。文献上字斟句酌的删改，可以帮助我们了解清朝官员在处理秘密会社时面临的处境：他们确实进退两难。处理得严苛，朝廷批评扰民；处理得轻忽，朝廷责备不当。当嘉庆七年（1802）两广总督觉罗吉庆因为处理"天地会"被免职而后自杀（见本书第三章），嘉道年间的封疆大吏当然都会引以为鉴。因此，档案中看到的完整奏折，是种种考量权衡之后的结果；奏折编写过程中的文献却能窥见影响变更的微妙因素。

　　本章的资料主要来源于两个部分。一部分来自哈佛燕京图书馆藏手抄本《先福奏折稿》。图书馆目录注明

"所抄奏稿多有关嘉庆间江西省各县事","奏稿末多署'嘉庆十六年'(1811)","有'奏稿'砾印,'嘉庆年月日具奏一折嘉庆年月日奉朱批钦此'砾印"。先福是满洲正白旗人,嘉庆十四至十九年任江西巡抚。③手稿内容包括本书第二章第三章嘉庆十六年有关边钱会萧烂脚案以及同年卢三和陈纪传案。第二部分的资料主要是江西省泰和县县官徐迪惠的日记。徐迪惠,浙江上虞人,道光四年(1824)至十年(大约)任泰和令。他的日记藏于中国国家图书馆。图书馆目录载:6册,稿本。全本复印收录入《国家图书馆藏·中华历史人物别传集》第53册。④日记内容包括他在泰和任内的经历。

一、序齿/不序齿:边钱会萧烂脚案的关键词

这一节的讨论,我们会进行多处史料上的比对。其实,修改后的稿本与现存档案的奏折完全一致,修改的

部分并不算多，或许我们也可以推测现存稿本仍不是最原始的版本，只是成文过程中的一个环节。但是，在这一版稿本中有部分修改很明显地受到关键的法律概念的影响。可见，最终符合法条的文本，并不代表在其成文过程中同样符合法律的要求。

嘉庆十六年边钱会萧烂脚案的最主要改动，是在四起有关"拜会"的报告中。为了方便讨论文字的变动，我们征引原文如下（黑体字代表有修改部分）：

第一例：

十一年五月十三日……在安仁县邓家埠地方**宰鸡取血分饮**结拜。

第二例：

十四年八月十二日，萧烂脚又纠同现获之龚巳子(名字下略)，共六十六人，**依年齿长幼**，推萧烂脚为老大，万丁香为老满头，分一肩至十四肩名

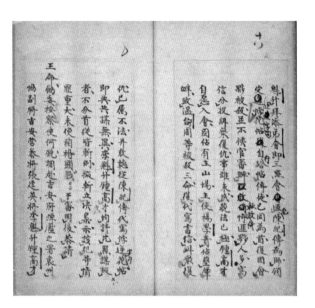

图 2　《先福奏折稿》之两页

来源：哈佛燕京图书馆藏手抄本《先福奏折稿》。

色，一切禁约仍照王瞎子会规……一股在进贤县润

溪地方，**宰鸡取血分饮**结拜。

第三例：

十五年五月十三日，萧烂脚又纠同现获之余大

俚（名字从略），共四十人，**依年齿长幼**，推萧烂脚

为老大，吴祥偱为老满头，罗万受管行令边钱，分十五肩名色，其余悉照十四年结会旧规。

第四例：

萧烂脚……合依异姓人但有歃血结拜弟兄，**聚众至二十人以上**，为首拟绞立决例，拟绞立决。⑤

在第一例，"宰鸡取血分饮"改为"宰鸡取血滴酒分饮"。在第二例，除了同样改动外，"依年齿长幼"改为"不序年齿"。在第三例，"依年齿长幼"也改为"不序年齿"。在第四例，"聚众至二十人以上"改为"并非依齿序列，聚众至四十人以上"。⑥

字句修改，有何深意？我们先看看《大清律》对歃血结盟的处置。据乾隆三十九年（1774）所订法例，曰：

其无歃血、盟誓、焚表事情，止序齿结拜弟兄，聚众至四十人以上，为首者拟绞监候，为从减一等。若年少居首，并非依齿序列，即属匪党渠魁，首犯拟绞立决，为从发云贵两广极边瘴充军。如序齿结拜，数在四十人以下，二十人以上，为首者杖一百，流三千里。不及二十人者，杖一百，枷号两月，为从各减一等。[⑦]

条文中的关键词包括歃血、盟誓、焚表，参与人数以及序齿或不序齿。为首者的惩罚分拟为绞监候和拟绞立决两种。最重的惩罚是"年少居首，并非依齿序列，即属匪党渠魁，首犯拟绞立决"。此例从乾隆到嘉庆十七年虽历经补充，对"非依齿序列……首犯拟绞立决"的判定部分则维持不变，但是在嘉庆八年、嘉庆十六年的补充中称"有歃血、订盟、焚表……若聚众至二十人以上"，为首者也拟绞立决。[⑧]

先福的奏稿对于萧烂脚的处理，为了符合法律条文，在两方面修改了罪状。其一，他澄清了歃血。歃血不是饮鸡血，而是把血滴在酒中分饮。其二，是序齿与人数的关系。假如萧烂脚"有歃血、订盟、焚表"，"序齿结拜弟兄"聚众四十人以上，为首拟绞监候。四十人以下，二十人以上，杖和流放。非序齿结拜（就是"年少居首，并非依齿排列"）首犯拟绞立决。

萧烂脚"拜会"六次，原来有四次序齿（22人、40人、66人、40人），有两次不序齿（32人、39人）。修改后，有四次不序齿（32人、39人、66人、40人），其中两次宰鸡取血分饮，还是很清楚地滴酒分饮。他应该可以依例拟绞立决。

但是，站在历史学者的角度，我们有一个疑问。为什么到了奏折最后阶段的修改才说清楚萧烂脚有没有序齿？不错，根据先福的报告，犯人捉到后，他先挑出没有结会的犯人，发回地方官审判。剩下六十多名犯人，在省由巡抚、提刑按察使司、承宣布政使司亲自审判。难道写奏折的时候，不是根据审判的记录写的吗？还是到了最后关头，为了案件的完整性，事件的详细内容仍可以修改？内情如何，或许我们永远不会知道，只是可以存留这样疑问。

二、陈纪传案：从"民人争山"到"匪徒占山"

相较边钱会萧烂脚案，从卢三和陈纪传案的稿本发现的问题更为复杂。萧烂脚案只是判案轻重的问题。卢三和陈纪传案的重重疑点则影响到对于整个事件性质的理解。《先福奏折稿》在这个案件的奏折稿后，附加了"夹片"⑨，其中有一份"钦遵谕旨办理缘由"对案件的来龙去脉叙述得比较清楚。

首先我们注意到几份文件的时间。本书第二章曾引用过先福在嘉庆六年九月十八日的奏折稿本，"夹片"则回应了九月初七日颁发的谕旨。所以先福在九月初七之前已经上过一份奏折。他的原奏我们没有见到，但是军机处针对此事的复文中，引用原奏内容，如下：

军机大臣字寄江西巡抚先福，嘉庆十六年九月初七日，奉上谕，先福奏，查明龙泉县民人争山酿命，意图报复滋事，当经拏获多人，究出结会匪徒，严审办理情形一折。[10]

从这份奏文，我们知道原奏的主题是"民人争山酿命"。审判的时候，军机处注意到"究出结会匪徒"，命令他"严审办理。"

与原奏不同，九月十八日再奏的时候，主题转变为"为结会匪徒占山酿命欲图纠众报复"[11]。这些文字上的转变，影响到先福以后对本案的报告，也大大改变了案件的性质。

文字的修改在"夹片"中更为明显。其文曰：

经□□亲提各犯，**详细研鞫**始知，**是案实由会匪钟高才等**，因曾纠徐姓良民入会不允，挟嫌唆使**杨学贵**占葬山场，致被山主徐帼伦等，**格捕杀死助葬拒殴之**温邰周、张德标、李矮子等三命，起衅实由于此，并非温、徐二姓民人争山酿命。

该篇修改后的文字：

经□□亲提各犯，**督率臬司何铣，赣南道查清阿详细研鞫**始知，**钟高才等，实系会匪**，因曾纠徐姓良民入会不允，挟嫌唆使**伙匪杨学贵**占葬山场，致被山主徐帼伦等，**格斗杀毙匪党**张德标、温邰周、李矮子等三命，起衅实由于此，并非温、徐二姓民人争山酿命。⑫

先福承认审讯的口供改变了他对本案的认识。原来他以为是"民人争山"，后来才知道是"匪徒占山"。九月十六日的奏折就是依据修改后的版本而写。

"民人争山"与"匪徒占山"有什么分别？先看"民人争山"案怎样奏报朝廷：

据称龙泉县民杨学贵邀同张德标、温台周等，帮同将伊母棺，占葬徐姓山场，经徐治彬等向阻，互殴戳伤。张德标、温台周身死。于时，温、张等姓声欲聚众复仇。该处民人因知温、张二姓内有会匪，恐被滋扰，各集壮丁防备，拏获五十五名。并经该巡检等拏获会匪首犯李魁升等，讯出拜福建人陈纪传、广东人蓝老四为大哥……⑬

再看"匪徒占山"的报告：

据李魁升原籍广东兴宁县，寄居龙泉县，与在逃之福建上杭人陈纪传、蓝老四素识。陈纪传等均在龙泉大汾圩开店生理。嘉庆十六年三月内，福建永定县人卢三即破鼻花至龙泉县境，结会传徒，经该县汤煦访拿潜逃。四月内李魁升途遇蓝老四，谈及卢三之徒陈纪传交友甚广，拜其为师，可免外人欺负，如领红布花帖，即可传徒骗钱，纠李魁升入会。李魁升应允，即于四月二十七日拜陈纪传为师……李魁升遂起意自行传徒，于五月二十三日诱令现获……之……与民人……杨学贵……李矮子，（历次拜会传徒，从略）……本年七月二十五日，会伙杨学贵之母病故，无钱买棺，无地安葬，商之钟高才……钟高才因曾纠徐姓入会不允，挟有嫌隙，借图越葬占山……⑭

"民人争山"案的内容是"互殴"引致死亡。报告叙述"互殴"的理由，其中包括"该处民人"知道"占葬"的一方其中"内有会匪"。"匪徒占山"案的重点是处理地方上出现的"会匪"。所以报告从"会匪"在龙泉县大汾圩"拜会"出发，详细列出"拜会"参与者的名字，包括"占葬"的杨学贵及三名死者。第一历史档案馆的档案有先福回复军机处的呈文，内附李魁升、钟高才的供词，从钟高才处寻获的陈纪传"拜会"花帖，以及钟凭记忆写出他与李魁升、陈纪传发给其他"拜会"成员的信件。先福的结论很明显从这些证据得来。到这一步，先福可以肯定"钟高才，实系会匪……伙匪杨学贵占葬山场，致被山主徐帼伦等，格斗杀毙匪党张德标、温邰周、李矮子等三命"。不言而喻，徐姓杀死三命不用追究，因为案情的重点已经变成追查会匪了。

三、徐迪惠日记：从附会到事实

泰和知县徐迪惠的日记，可以说是相当平凡。他在泰和，兢兢业业地履行了父母官的职责，算不上创建了惊天动地的丰功伟绩。对于他的政绩，他家乡的《上虞县志》这样记载："补授泰和县知县，迭办要案，百废具兴，重修《泰和县志》，创设怀仁渡义船。道光乙酉、丙戌连年旱潦，两次捐廉千五百金，赈给老幼，收埋淹毙，绅耆颂德不衰。"[15]徐迪惠用潦草字迹在日记中写下日常生活的种种：每日阅读文书，坐堂判案，依照岁时到庙宇祭祀，间中招待来往大员，有时候也去吉安府城走动。徐迪惠比较看重的事是税收。道光五年（1825）十月二十八日，他亲自到县内二都追讨所欠从嘉庆二十三年到道光四年钱漕二万二千多串。在日记上，他写道："地方顽户，抗欠国课，不顾本县考成，风俗恶劣，丧尽良心至此，可憾极矣。"[16]尽管劳碌，徐知县还是有闲暇阅读《明史》甚或小说《今古奇观》。

在徐迪惠处理的案件中的确有"会匪"。道光五年二月二十九日，"辰起，阅稿后，即复审讯会匪，收竖五名，开释五名，受押二名"⑰；六月十三日，"阅呈词间，会匪要犯廖昌海递解过境"⑱；七月二十二日，"阅拿获会匪萧其俊案"⑲；等等。

道光六年五月十一日，他记录了一桩比较特别的案件：

> 巳刻，有万安芙蓉、朝阳二卡营弁报知盐枭船十一号闯卡，鸣锣放枪，顺放而下。都司沐、守备余追至泰邑蜀口洲，盐枭聚集数百，岸上护行，肆用枪炮，卡弁巡船被困等情。当即传集三班总役，多备丁壮，会营兵，并召募地方乡勇，予亲诣蜀口洲督捕。到洲，确查，晤沐都司、余守备，悉盐枭聚众拒捕情状，因谕兵役丁壮，大声晓示，良民远邂，枪子不□轻用，追赶至胡□，营兵前行，道旁竹林丛中，忽闻枪炮啸聚之声。余命丁役等，暂缓追捕，站住放枪，俟其火药砂子略尽，然后鸣锣前

进。枭见营兵在前，县役丁壮后拥甚盛，忽散远飘。当获枭匪四名，曾永英等，随即追获盐船七只。予令兵役撑舟回县，时已日暮，船重水浅，兵役不善操舟，有浅搁碛伤逗留沿河者。余与毕把总开船，约盐一万余斤，随路涨滞，抵武溪街，头枪[仓之误]破损，进水，柁亦失去，舟不能行。黑林中，又闻啸聚之声。毕把总踉跄上岸，捕役张干、陈华劝予亦上岸，因步行至杨姓小村，觅渔舟由蜀口洲出大江，回县城，抵署，已五鼓矣。是役也，获枭匪四名，得私盐一万余斤，予虽劳烦一昼夜，而盐枭胆落重阻，为泰邑前任从来没有之事。该枭肆行无忌，枪炮实发竹林，营兵一名左臂受枪子伤，一名左手背收漂伤，均不致命，不可谓非神祐也。

在该段的眉批，他补充道："倘兵役被盐枭枪伤致命成大狱，必杀多名，劳民伤财，予得处分八九矣。"[20]

要了解所谓"闯卡"的问题，我们需要明白江西与广东行盐区域的关系。与前代一样，盐在清朝也是政府专利。商人需要得到政府许可，在指定的地域买卖。江西大致归入淮盐的行盐地域，从明代以来，广盐则一直往赣州渗透，并且由于种种财政上的理由，也愈加通行。但是，按法例广盐是不应该行销至赣州的，所以从乾隆七年（1742）开始，官府在赣江设立水卡、巡船查缉走私，而万安县正是其中的一个重要关卡。[21] 所谓"闯卡"就是走私贩子，成群结队，试图冲破巡船的拦阻。道光六年五月十一日徐迪惠正式将这个场景写进了日记。当日，有十一条走私的船，"鸣锣放枪"而下，还有数百人在"岸上护送"。徐知县自己带领乡勇接应巡丁，成功地捕获四名走私犯，拦截了七艘船，一万余斤私盐充公。他虽然夙夜辛劳，两个营兵轻伤，但是没有人死亡，从他的眉批上可见，他感觉很是庆幸。

不过，徐迪惠前后几日的日记里，也没有表示应付"闯卡"需要以非日常的态度来对待。"闯卡"的第二天，五月十二日，他记录："沐都司、余守府、程四兄、卡商会晤，问盐枭案"[②]。十三日，"武庙祭祀，张、沐、余诸宦，问盐枭案"[③]。自此后，日记也没有再讨论"闯卡"之事。

徐知县也着实在为其他的事情焦头烂额。这一年的农历五月天旱，十八日"六都七图村民进城求雨"。十九日，他"出城，诣三顾山请龙，百二十里，检验田姓命案"。二十日，他还在乡下，"四都田姓检验后，顺勘孙、刘二姓坟山。午后起马，夜歇九门楼，逢众乡蛮拦舆告旱，步行十余里"。二十一日"午前回署，倦甚"。二十二日，他继续处理案件，二十三日，乡人"藉旱聚众，喧扰至宅门二堂，予以计散去"。二十五日，"乡蛮五六百人，鼓噪抬神，拥至大堂，喧扰、碎门、毁物，目无法纪极矣"。如是者几天，六月初一，徐知县开仓

"平粜"。㉔与这些事情同时发生的，还是有会匪案件。六月初四日，"阅四都张姓报会匪萧其俊抢案"。初七，"四都复报会匪滋事"。六月二十四日，收到报告"拿获会匪萧其俊"。他在眉批写道："萧其俊，放火烧毙人命重犯，会匪中巨魁也。"二十八日，"阅案放告，就案拿获王耀开会匪"。二十九日，"王耀开供认入会是实"。七月初二，"阅案，查拿盐枭，并偷大轿之案，被蠹役罗祥偷漏消息，李贞玉囤户，当夜跑逃"㉕。应该注意，虽然徐知县一直在处理会匪案，但是他的日记中，从来没有把会匪牵涉到"闯卡"案。

至七月下旬，有几天，徐县令去了府城。七月二十四日，"诣府，谒太尊（知府），谒盐宪张文司马，会雷□□，时皆查莲花、安福、永新水灾。回至庐陵，扎公（庐陵县令扎隆阿）下乡勘灾，未晤。接署中信，知会匪萧其俊于廿三四更时就获"。二十五日，"□见盐宪、府宪，晤姚梅石先生，会扎大爷，庐陵早饭，同席高照磨、张巡司、□□兄、张云亭。饭后，会扎大爷，诸委员同审盐枭。李先令照匪供画押"。二十六日，"辰正诣府署，晤姚梅石兄，即诣盐宪，□复讯盐枭，画供，即由陆路回县"。⑧"闯关"事在徐县令日记，到此为止。但是在朝廷大员的奏折上，其影响才刚刚开始，就像蜻蜓点水振翅，泛起涟漪，竟然在千里之外激荡出了三尺风浪。

七月二十六日，就是徐知县还在府城审查盐枭的时候，军机处接到上谕，内容关于御史熊遇泰针对江西会匪的一份奏折。奏折说："据称江西赣南一带，近有匪徒烧香结盟，每人带刀一柄，名为添刀会，又名千刀会，聚党至数百人，出没无常，沿途劫掠。……又有泰和县马家洲郭姓被劫资财万余金，迄今未获破案。地方官讳盗规避，惮于缉捕，偶值地界毗连，即互相推诿。并闻会匪与盐枭勾结，如泰和之马家洲、万安之白渡市，私枭充斥，每借刀会为声援，放炮闯关。蔽江而下。"军机处指出："匪徒创立会名，久干严禁。如该御史所称会匪聚党，劫掠频仍，甚至盐枭借刀会为声援，肆行无忌，地方文武各员所司何事？"军机处把奏折传给江西巡抚韩文绮，命令他与按察使邱树棠办理，"将该御史所奏前项各情，逐加访察，饬属认真查拏，毋稍疏纵"。⑦

道光六年九月韩文绮复奏逐点反驳熊遇泰的指摘。他说："伏查南赣一带，界连闽越，每有匪徒潜匿境内，纠结拜会情事。臬司邱树棠到任，曾经严饬查拿。臣于上年十一月履任，复经札饬严拿解办。据南安、赣州、吉安各属，先后拿获会匪（名字从略）等，各案计犯一百六十余名，究明该犯等，煽惑拜会，授帖传徒，骗钱花用。名为添弟会，又名三点会。其中亦有带刀防身者，民间因即目为千刀会，并非该犯等另有是项会名。"⑧所以，不是没有会匪，也不是没有人带刀，但是"千刀会"只是民间所用的通称，并非添弟会的别名。此外，韩文绮详细讨论了熊遇泰引用的例子，一一说明他的错误。泰和县马家洲郭姓被劫万余金，实无其事，只是一项赃钱值不到四十两的抢劫案。泰和、万安拿获的盐犯，"讯系贩私"。至于"闯关"，"本年五、六月间万安县地方，有私枭闯卡（原文"间卡"误），拒伤兵丁之案，亦经获犯曾泳英等，现在审办。该犯等并无借刀会以为声援之事。"㉘

韩文绮的反驳并没有终结周围的批评。道光六年十二月，又有一名候选刑部司狱麻燮寅，向北京城步军统领衙门投递呈词，求为转奏，内称："江西万安县，设有盐快巡缉，并不以缉私为要，专藉端讹诈，抢劫过往商船。及泰和县马家洲地方，素有枭匪囤卖私盐，并聚众局赌，抢劫良家妇女奸淫。"向京城步军衙门上书，是一种越过地方行政系统向朝廷直接申诉的办法。㉙军机处对这个控诉，依然严肃处理，再次把呈词转发给江西巡抚韩文绮，并加批示如下："如果属实，必应严拏惩办，以除行旅地方之害。着将此二款，钞寄该抚阅看，务即饬派妥员严查密访，得有确情，即悉数查拏务获，按律究办。勿得任听所属弥缝粉饰，稍有回护徇纵。"③

韩文绮尚未回应麻燮寅的指控，道光七年一月，两江总督琦善就奏称收到了江西省袁州协副将张建英引咎辞职的禀告，内称"芙蓉卡及富口地方，屡次纵漏私枭。马家洲等处枭贩，聚众欺压乡民。又以盐道办理缉私功过，与原定章程互异。并称自揣不胜将官之任，即请疾而归"②。

道光七年三月，韩文绮为了回应麻燮寅的指控，呈上了一份甚为详细的奏折，指出指控中的含混之处。他派出吉安知府、江西按察使、盐法道密查，报告称万安县确实有盐卡，但是没有盐快（就是快船水手）。庐陵县有盐快，道光二年有一个盐快强诈商旅，已经破案。泰和县马家洲原有枭匪囤积私盐及诱赌。在道光三年有泰和县人陈明开呈词达致步军统领衙门，控王成山等纠约盐枭，开设赌局，哄诱他的儿子，输钱后，强逼他写字据，纠抢衣物。这些人已经照"凶恶棍徒"例，判了充军。至于马家洲地方，在道光四年，确实有抢劫洋银衣物的案子（就是前引赃钱值不到四十两的例子），嘉庆二十四年也发生过盐枭轮奸案，但是"并无讹抢商船情弊"。他说："即贩私匪徒有案，即拏马家洲地方，实无枭徒囤积并抢劫妇女奸淫之事。"他建议增加关卡，设立族正、乡正，以杜绝犯案机会，但是绝对不接受马家洲有盐枭聚结的指控。③

道光七年八月，刑部回应琦善的继任者两江总督蒋攸铦等奏、袁州协副将张建英禀邻卡漏私事，措辞失当，罚俸九个月。事缘"峡江县知县兆元，于拏获贩私各案办结后，并不移营知照，以致该副将怀疑具禀，亦属遗漏。万安县知县魏绌、于闯卡贩私船只，先据巡役探报不实之言，知会截拏。后经查实，不即移知下游，致该副将疑为疏漏，均属非是"⑭。

从道光六年底至道光七年初，江西省因为这些案件以及朝廷的屡屡关注而修订了赣江关卡与巡船的安排。⑥但是指摘之声没有停止。道光九年七月，又有御史王赠芳就类似的事情上奏，"会匪盐枭，蔓延滋害，请严饬捕剿"。至此，似乎此前两江总督与江西巡抚否定会匪盐枭勾结的申诉完全无效。该御史振振有词地大加批评：

> 江西吉安府属泰和、万安等县，向为私枭出没之所。抢劫淫掠为害地方。加以会匪繁多，与私枭合而为一，或名添弟会，或名添刀会，又称千刀会。其会均自南赣延入吉安，因地方官苟图安静，遂致滋蔓猖狂。以白日抢劫淫掠为常事，乡村数十家者，被害不可胜言。每十百为群，貌类客商，散布乡野，肆行劫夺。士民稍有家资非其党者，难免毒害，往往挟制入会以为保家之计……大抵江西私

枭，多系会匪。会匪、私枭虽异其名，而其持刀结党，大为民害则一也。其初犹知畏法。近来匪徒党与(羽之误)不计其数。地方官惧滋事端，惟思苟且调停，即酿成巨案，犹复一味姑息，草草了结……甚有乡勇拏获送官之匪徒，仍从宽免，纵之归家。于是匪徒得志，势益凶横，而乡勇重被其害，不敢与之较矣。⑧

面对第四次对江西处理会匪的控诉时，巡抚韩文绮让步了。他拟了"筹议缉匪章程疏"来回应王赠芳的控诉，内容包括："查江西南赣一带，界连闽粤，向多会匪延入吉安府属之万安等县，名为添弟会，又名三点会。其中带有刀械者，民间即指为添刀、千刀会名，并非该犯等自立名目。万安、泰和二县，为粤私从入门户，每有闯卡拒捕之案，多已人盐并获。内获盐不获人者，身虽倖脱，资已荡然，因而流入匪党，亦所不免。

节次饬拏惩办，总未能尽绝根株。"这几句接受了盐枭与会匪有所关联。再往下，是他为自己辩护。自从道光六年，他已经要求族正、保甲举报，三年之内，他已经捉到两百多会匪与盐贩，缉获了一百余万斤私盐，添设了巡船，等等。㉚在隐晦的退让时，韩文绮或者已经考虑到继续抗拒有关会匪的指控，并不利他的考成。事实确也如此。道光九年十月，他从江西巡抚调迁都察院左副都御史㉛；道光十年，已经有人上奏攻击他要求地方人士举报等事。御史程焕采说："该乡约等藉称官有此禁，遂尔武断乡曲，欺吓愚民，聚众敛钱，私立公所，即张挂该府告示，并于告示中盖用乡约某人钤记。且有大乡约副乡约之名，互相勾结。供其呼唤者，多则百余人，少亦数十人不等。有指为偷窃者，辄于公所用刑审讯，且将篾篓包裹，沉入深潭，更难保无诬枉无辜，及挟嫌致毙情事。受其害者，多不敢经官控告，即有时控告，该乡约众口一词，州县亦无从申理等语。"㉜道光十年六月，户部会同吏部奏"韩文绮前在江西巡抚任内，并不力加整顿，以致会匪日益增多，地方废弛，着实降一级调用"[40]。

在徐迪惠订正的《泰和县志》中（日记载他在道光六年九月二十一至二十四日在"订正县志"[41]），徐记录了他对于县志的补充："读盐驿志，就马家洲获大伙盐枭十余艘，读武事志就阆川洞抢滋事会匪首从多名，而境内以靖。"[42]考《盐驿志》，实则没有马家洲段，但是《武事志》则载："道光六年丙戌五月，天旱米贵，时有南赣添刀会匪名目，煽惑东沔洞、阆川洞等处山僻愚民抢夺滋事，知县徐迪惠会营擒捕，设法访拿首从多获，分别详办，民遂安堵。"[43]另外他对于在县志中增补的《祷雨三应纪略》做了比较详细的讨论。他描述道，在道光六年四月以后天旱，一方面他亲自设坛求雨，另一方面乡民抬神到县祈雨。这次祈雨中发生的种种，给徐县令留下了很深刻、并很厌恶的印象。他说："乡愚不自谅，异其木魅土鬼，鸣锣喧嚣，白衣草履，以布蒙首，径至公廨，号曰祈雨，速官一出拜以为得意，盖狃于积习久矣。且恃其人众，或索香资，索米谷，索酒食，肆诸不法……六乡七十二都之众，肩摩踵接而至，挟县官如木偶，左之右之，驰之骤之。"他把这个事情联系到"闯卡"事件。接下去，他又说："先是，月之望前，虔地（即赣州）枭匪闯云江之芙蓉卡，顺下县属蜀口洲，滋事无状。曾经会营并募乡勇，亲撄其锋，擒其渠数辈，获盐数万斤。余党五六百人，皆鸟兽窜。此时，或潜迹众中，借旱煽惑，以故几无复有三尺，是匪等故怀其私，以激我愚民，而欲官墬其术中，民无知者，遂亦身罹重典而不之悟，哀哉！"④

看来韩文琦回应王赠芳的论点，与徐迪惠对乡民祈雨骚动的解析雷同。走漏的盐枭可能变成会匪，但是两人都没有提出证据。徐迪惠把会匪与盐枭分得很清楚，他的日记记录中，并没有会匪与私枭"合而为一"之事。

尽管如此，熊遇泰和王赠芳的奏折最终成为了比较容易找到的史料，亦不经怀疑地进入了数篇历史学的研究之中。[65] 若我们没有意外遇到徐迪惠的日记，也不会注意到韩文绮的一再反驳。

四、罗生门

《罗生门》是日本导演黑泽明 1950 年拍摄的一部电影，讲述日本封建时期一桩武士凶杀案。通过强盗、武士的灵魂（女巫代言）、武士的妻子，还有一个发现尸体的砍柴人的口述，故事出现四个不同的版本，也无从知晓哪一个版本是对是错。黑泽明的电影大受欢迎，"像罗生门一样"（Rashonmon-like）成为一个公认的名词，2008 年列入了英语世界权威性的《牛津英语大字典》。字典把它定义为"像电影《罗生门》的风格，尤其是表示多重或不同的观点"[66]。这一章的目的，即是显示即使是档案的资料，也可以有多种版本。我们也知道清代的刑名师爷以锋利的刀笔闻名，往往数个字词的毫厘之别就可以转移案件的性质。㊶有"序齿"还是没有"序齿"，"民人争山"还是"匪徒占山"，盐枭之中没有添弟会分子，还是没有拘获的盐枭"流入匪党"，的确只是个别文字之差，却可以改变整个案件的取向。

历史人类学主张研究历史，需要回到历史现场。事发的地点，当然是现场，但是档案书写的过程，也是一种现场。不错，历史已经过去，现场再也无法亲临。但是，历史学者还是需要了解从现场到文字记录所经历的过程。这个过程不能用"一手资料"还是多手资料之类的概念形容。从事件发生到事件叙述，从口述传闻到书面记录，事件的报道可以经历很多改动。档案固然是很重要的历史材料，但是历史学者读档案，不可以不考虑档案书写过程的修改可以改变对于案件的报道。

注　释

①　秦宝琦：《清代秘密社会研究中的档案使用和田野考查》，35、37页，载《历史档案》，2005(3)。

②　David Faure, Xi He, "The Secret Society's Secret: The Invoked Reality of the Tiandihui," *Frontiers of History in China*, 2016, Vol. 11, No. 4, pp. 510-531.

③　(嘉庆十七年)《缙绅录》，60a页。

④　《中华历史人物别传集》第53册《徐迪惠日记》，439～524页，北京，线装书局，2003。

⑤　《先福奏折稿》第3册，15b～16a、16b～18a、18a～19a、24a页(原书无页码，顺数)，抄本，哈佛大学燕京图书馆藏。又26a页贴有字条，写明"查异姓人歃血结拜兄弟二十人以上"充军例，证明有人查找过律例后才作修改。

⑥　修改后页码同前注；修改后例一到三又见《江西审明边钱会会首萧烂脚等人节次结会情形》，9547～9548页。

⑦　《钦定大清会典事例》卷七七九《刑部·刑律贼盗》，553页。

⑧　《钦定大清会典事例》卷七七九《刑部·刑律贼盗》，553～554页。

⑨　《先福奏折稿》第3册，1a～11a页。

⑩　中国第一历史档案馆编：《嘉庆道光两朝上谕档》第16册，524页，桂林，广西师范大学出版社，2000。

⑪　《江西审定拟添弟会会首李魁升等结会传徒并争占徐姓山场等情》，8514～8527页。稿本又见于《先福奏折稿》第2册，1b～26b页。

⑫　《先福奏折稿》第3册，6b页。

⑬　中国第一历史档案馆编：《嘉庆道光两朝上谕档》第16册，524页。

⑭　《江西审明定拟添弟会会首李魁升等结会传徒并争占徐姓山场等情》，8516～8519页。

⑮　《上虞县志》卷12《列传》，17b页，光绪十七年刊本。

⑯ 《徐迪惠日记》，464 页。

⑰ 《徐迪惠日记》，446 页。

⑱ 《徐迪惠日记》，454 页。

⑲ 《徐迪惠日记》，456 页。

⑳ 《徐迪惠日记》，479 页。

㉑ "乾隆七年，江西驿盐道陈浩详定，吉安府万安县之皂口与赣属毗邻，为粤私侵越扼要，吉水县之桐江与峡江交界为省私、浙私入境隘口，应饬商各立水卡，各设巡丁八名，巡船一只，以资堵缉。"李澄：《淮鹾差备要》卷 5，见于浩辑：《稀见明清经济史料丛刊》第 1 辑第 9 册，330 页，北京，国家图书馆出版社，2009。江西按察使司编辑刊刻：《西江政要》，见林庆彰、赖明德、刘兆佑、张高评主编：《晚清四部丛刊》第 5 辑第 54 册，79～96 页，台北，文听阁图书，2011。黄国信：《区与界：清代湘粤赣界邻地区食盐专卖研究》，220～227 页，北京，生活·读书·新知三联书店，2006。

㉒ 《徐迪惠日记》，479 页。

㉓ 《徐迪惠日记》，480 页。

㉔ 日记五月十八到六月初一引文，见《徐迪惠日记》，480～481 页；又参见徐迪惠：《祷雨三应纪略》，《泰和县志》卷 43《纪略》，35a～38a 页，道光六年刻本。

㉕ 六月初四到七月初二引文，见《徐迪惠日记》，482～484 页。

㉖ 七月二十四到二十六日引文，见《徐迪惠日记》，485 页。

㉗ 中国第一历史档案馆编：《嘉庆道光两朝上谕档》第 31 册，255～256 页。

㉘ 韩文绮：《韩大中丞奏议》，见《续修四库全书》第 498 册《史部·诏令奏议类》，345～346 页；又《宣宗成皇帝实录》卷一〇六"道光六年九月癸卯"条，见《清实录》第 34 册，759 页。

㉙ 韩文绮：《韩大中丞奏议》卷 9，347 页。

㉚ 胡铭：《我国古代申诉制度之演进及现代影响》，88～94 页，载

《西南政法大学学报》，2005(5)。

㉛ 中国第一历史档案馆编：《嘉庆道光两朝上谕档》第 31 册，421～422 页。

㉜ 中国第一历史档案馆编：《嘉庆道光两朝上谕档》第 32 册，13 页。

㉝ 韩文绮：《韩大中丞奏议》卷 10，377～379 页。

㉞ 中国第一历史档案馆编：《嘉庆道光两朝上谕档》第 32 册，231～232 页。

㉟ 《西江政要》，161～165，177～201 页。

㊱ 王赠芳：《慎其余斋文集》卷 1《奏疏·请严惩会匪疏》，见《清代诗文集汇编》第 539 册，550。中国第一历史档案馆编：《嘉庆道光两朝上谕档》第 34 册，297 页。

㊲ 韩文绮：《韩大中丞奏议》卷 12，485～487 页。

㊳ 中国第一历史档案馆编：《嘉庆道光两朝上谕档》第 34 册，403 页。

㊴ 中国第一历史档案馆编：《嘉庆道光两朝上谕档》第 35 册，43 页。

㊵ 中国第一历史档案馆编：《嘉庆道光两朝上谕档》第 35 册，215 页。

㊶ 《徐迪惠日记》，488 页。

㊷ 《重修泰和志序》，见《(道光)泰和县志》，3a～3b 页。

㊸ 《(道光)泰和县志》卷 12《封爵志·武事》，15a 页。

㊹ 《(道光)泰和县志》卷 43《纪略》，35b～36b 页。

㊺ 佐伯富：《清代盐政の研究》，159～160、164 页，京都，东洋史研究会，1956；戴玄之：《中国秘密宗教与秘密会社》，743～744 页，台北，台湾"商务印书馆"，1990；庄吉发：《清代天地会源流考》，94 页，台北，"故宫博物院"，1981；胡珠生：《清代洪门史》，214 页，沈阳，辽宁人民出版社，1996。

㊻ *Oxford English Dictionary* "Rashomon-like" 条，见 Rashomon－like, adj. : Oxford English Dictionary (网络版)(查阅日期：2021 年 6 月 3 日)。

㊼　参看夫马进：《明清时代的讼师与诉讼制度》，见王亚新、梁治平编：《明清时期的民事审判与民间契约》，389～430 页，北京，法律出版社，1998；夫马进：《讼师秘本〈萧曹遗笔〉的出现》，见寺田浩明编：《中国法制史考证》丙编第四卷，460～490 页，北京，中国社会科学出版社，2003。

时势与场地

狭义的制度史以条文为主。符合条文的案例，表示制度成功，不符合的，表示制度失败。广义的制度史包括制度的形象、时人对制度的观感，和在运作上与其他制度的相互关系。

形象、观感以及与其他制度的关系，在不同时间与地域会有不同的变化。天地会作为一种制度也如此。可以说，在时间上，从嘉庆初年到道光末年，短短的五十年之内，它从一种寂寂无名通过拜天地的异姓结拜，变成了一个围绕着参拜广东（也有说福建）某处不知具体所在的宗庙—高溪庙的虚拟世系。在地理上，天地会的结拜也从福建、台湾传到了广东、江西、湖南和西南各省。在时间上和空间上的传播过程中，拜会的制度一直在演变。原本只有钻刀、歃血、盟誓，而后发展出在拜会的现场模拟出前往"木杨城"的旅程，以及参与者通过一问一答演绎出天地会故事的环节。但是，以高溪庙"木杨城"为重心的仪式更多的只是成为一种范本。拜会的仪式并没有继续发展下去。19世纪中期一直到20世纪，讨论天地会的著作却多以这个程序来代表拜会的内容。

所谓范本并不等于说以天地会之名义拜会时，所有拜会的仪式都会包括"木杨城"，问答环节，甚至歃血、盟誓等的演绎。从来，仪式的展演，有繁有简。但是，只要出现了正统的范本，所有简化的运作都可以视之为它的变样。

为什么天地会的仪式没有再进一步的发展是需要解答的问题。简单来说，它与东南亚海外华侨社团有关，也与报纸的出现有关，同时因为太平天国起义之后，在中国本土，它被它的变样，也就是哥老会，取代了。

一、小刀会

清朝不允许移民海外，所以盛清乾嘉时期鲜有官方文件讨论到海外移民。但是，自明中期以来，华工出洋不断，意味着实际上海外定居华人的数目一直在增长。道光末期至咸丰朝，鸦片战争后，国势衰颓，广东、福建民间反抗日增，官员开始公开承认出洋华工参与其来源省份的秘密社会活动。咸丰元年(1851)，江西道监察御史福建泉州人陈庆镛归纳了福建天地会与海外华人的关系。他说：

> 福建漳州府属之龙溪、海澄等县民人，多往苏禄、息力、吕宋贸易，每就彼国娶妻生子，长或挈回，其人俗谓之土生子，向在外洋敛钱聚会成风。乃挟其故习，沿及漳州各属，以至厦门，结为小刀

会，亦曰天地会，凡入会者，需钱六百九十三文，名曰根基钱，交完即给八卦印一颗，红、白布各二方为识，内有小印，有口号，其股头各制小旗一面，誓盟、歃血。初不过贩洋之所谓土生子者偶为之，积而渐引渐多，散布妖言，遂敢满贴狂词，城乡皆是。[①]

这份奏折的背后，是在东南亚华侨史上划时代的小刀会案件。这个案件关涉到一个名为陈庆真的人。

日本学者佐佐木正哉对于陈庆真案作了很详尽的考证。道光三十年（1850）十二月，在厦门被捕的时候，陈庆真才二十三岁。他生于海峡殖民地，道光二十九年五月回到厦门，在厦门英国领事馆登记，所以英国领事视他为英国籍。陈庆真被捕，清朝的档案与英国的档案有不同说法。拘捕他的福建兴泉永道张熙宇提交了陈庆真口供，说他是与同安人王泉共建的小刀会的会首。英国领事认为很多海峡殖民地的华人都参与会社，但是会首不是他而是他一个曾替英领事当过通译的哥哥。无论如何，英领事认为，既然陈庆真属于英籍，按照条约，他应该接受英国法律审判。福建兴泉永道张熙宇则认为"以前定条约，并无中国民人，生长英国所属地方，回至中国，仍作为英国民人之例"。并且，"因陈庆真罪犯应死，若任听领回，殊无以肃法纪而儆奸顽，若拒绝不与，又恐仓猝酿事。随将陈庆真重责垂毙"。陈庆真死后，此案不了了之，但是就这个事情，监察御史陈庆镛向朝廷报告了回归侨民在小刀会内的关键性作用。②

确实有回归侨民在组织小刀会。咸丰三年（1853），厦门小刀会起义就是源于一个类似组织参与了地方上的权利争夺。是时，有澄海人江源，"归自外洋，购有洋小刀数百柄，徧赠同类，结为小刀会"。另外有同安人黄得美，"有田在龙溪浒茂洲，常受强佃抗租之苦……乃约族叔黄位……由是江党渐盛"③。佐佐木正哉考证，黄得美不止是个地主，而且是个拥有几十艘船的船主。他很可能参与海外贸易，与这些"归自外洋"的人有所沟通。况且，同安属于泉州，在厦门附近，他佃出的土地在龙溪，属于漳州，离他较远，在械斗频频的福建，地主黄得美需要雇佣打手替他卖力。说他"入会以凌佃"，不如干脆说江源可以动用党羽替黄得美服务。鉴于小刀会公认为是属于天地会的传统，起源于福建，流传到东南亚，又随回归侨民回到福建，所以黄嘉谟先生在他对小刀会起义的研究报告中，称这个过程为"迴流"。④

但是，小刀会是不是属于天地会的传统呢？时人，尤其是外国人，很相信小刀会就是天地会。不过，从小刀会起义的档案资料来看，小刀会与天地会传统的关系是很脆弱的。咸丰元年(1851)闽浙总督裕泰的奏折曾详细描述陈庆真拜会的情况，包括钻刀、立誓、歃血，陈庆真授拜会人士"开口不离本，举手不离三"，"逢人问姓，答以'本姓某，改姓洪'"等口语。⑤但是奏折上于咸丰元年四月，陈庆真已经在招供时受刑致死，福建的官员也需要维持他们所认定的陈是小刀会首领的立场，所以这个报告并不可靠。除了这份奏折，小刀会的天地会传统只见于咸丰三年黄位、黄得美在漳、泉、厦门的起义所公布的标贴，以及同年刘丽川的小刀会在上海起义的种种声明。这类的文献当然有相当反清的成分，例如在厦门出现的"汉大明皇帝敕授平闽统兵大元帅黄示"。⑥不过，即使如此，它们也没有多少明显引用天地会五祖、高溪庙、五房的传说。比较可以连到天地会传统的文献，只是三张载有"义兴公司"印鉴的告示；一张出现在厦门，另外两张在上海。⑦到了19世纪中期，"义兴公司"在东南亚华侨社区，广泛代表天地会的传统，其在厦门与上海出现，印证了侨民参与起义。我们需要强调，东南亚华侨的帮派，既不止于"义兴公司"，也不止于天地会的传统。从小刀会起义留下的资料，并没有多少理由展示出它有强烈的天地会传统，那么，为什么时人那么相信两者有紧密的关系？

要回答这个问题，需要明白，天地会在华侨社区的传播，与它在东南、华南的传播，并没有先后之分，是个同步的过程。

二、东南亚华侨与天地会

东南亚最早关于天地会的报告，出现在乾隆五十四年(1789)巴达维亚华人公馆的档案。有一个名叫蔡整的人供出，他因追债被陈玉山殴打。口供说："整即曰：何如此横恶？玉山云：岂不闻天地会之人乎？"⑧仅凭一言，难以断定是否是随口威胁，不足以证明当时巴达维亚华人有没有天地会拜会的传统。但是，东南亚的华人社区，有很强的自治传统，其中包括以籍贯、方言、甚至姓氏为根据的帮派，则是没有疑问的。19世纪的殖民地统治者，尤其是在巴达维亚的荷兰人，和在马来亚的英国人，称这类机构为"公司"。⑨历史资料记录最早的海外华人自治体系的"公司"是婆罗洲坤甸兰芳公司。坤甸是三不管地带，土著苏丹酋长管不着，直到19世纪上半叶欧洲殖民者也没有管到。据1856年《兰芳公司历代年册》，兰芳公司成立于乾隆四十二年（1777），但是成立之前，该地方已经有多处名为"公司"的管治机构。《兰芳公司历代年册》描述当时的情况，说："时茅恩聚处甚盛，有老埔头，有新埔头。老埔头有店两百余间，新埔头有店二十余间。老埔头系潮、揭二阳、海陆二丰人多，尊黄桂伯为总太哥，新埔头系嘉应州人多，以江戊伯为功爷，统率其众，立兰和营，举四人协理，名曰老满。"⑩所谓兰芳公司成立，就是嘉应州人罗芳伯打败了原有的"公司"，创建了兰芳公司总厅，形成了嘉应州人与大埔县人的联盟。他于乾隆六十年去世前立的遗嘱，说明"兰芳公司太哥，系嘉应州人氏接任，本厅副头人，系大埔县人氏接任，此两处永为定规"⑪，可见，地方上的权力关系。

我们可以想象，类似兰芳公司的联盟，并不是一个很紧凑的团体，而是一层一层由大头目到小头目的各有管辖的范围。头目与成员之间，头目与头目之间，可能有结拜的关系。但是，没有任何痕迹显示兰芳公司曾利用类似天地会拜会的仪式。研究罗芳伯的罗香林教授说，"芳伯出国前，嘉应州一带，似尚无天地会之传播……芳伯所建兰芳大总制之官制言之，亦无一与天地会各级员司之名号相合者。其为不相因袭，盖无疑也"[12]。

虽然兰芳公司出现比义兴公司早，到 19 世纪中期义兴公司在所有"公司"之中的名气最大。义兴公司出现在马来亚的槟榔屿，要了解义兴公司与天地会的奇妙关系，需要了解英国在马来半岛成立殖民地的历史。

英国东印度公司在 1786 年在槟榔屿成立殖民地。随后，英国在马来半岛势力扩张，1819 年抵达新加坡，1824 年通过与荷兰的条约，得到马六甲的管治权。至

1851年这三个地方成为英国人的海峡殖民地的主要据点。在殖民地开发，尤其是在鸦片战争后，契约华工制建立的背景下，这三个地方也陆续成为华人移居的重地。

英国人之所以能够在马来亚半岛建立殖民地，大多数是通过与当地苏丹统治者达成了武力与经济上的协议。与苏丹的关系，对殖民者而言非常重要。英国对殖民地华人的态度，也值得留意，尤其是1824年到1825年当他们在槟榔屿面临着政治危机的时刻。危机的浮现在更早的年份已露端倪。

1821年，暹罗攻击了槟榔屿原属主吉打苏丹，英国人担心其舰队会攻打槟榔屿。臣服暹罗的洛坤邦主的父亲是华人，他也使用华人手下。1825年槟榔屿总督从一个华人犯人处听说当地有三个华人会党，其中一个叫"义兴馆"，他非常重视这份报告。槟榔屿警察队长关大（R. Caunter）对华人帮会进行调查，汇报当地三千多华人中存在七八个会，参与者以广东人为主，并非企图造反，只为建立兄弟关系与提供殡丧服务。但是，总督不接受这个结论。总督亲自访问了四个当地华商（也有说是闽商），他们认为海山公司与义兴公司各有一千名会员，他们也受雇于洛坤邦主。这对槟榔屿是种威胁。⑬

槟榔屿华人中分帮派，甚至与附近马来亚邦主有所沟通，都不足为奇。马来亚邦主、英国殖民地政府，与华人社会领袖，正是通过一层一层的包庇关系来支配地方上的资源。税收通过"垦主"包税制度征收；鸦片烟通过包卖制运销；契约华工，还没有靠岸，已经受到包工头的债务控制；内陆的锡矿开采，也依赖包工制度下的劳动力。⑭不过，至19世纪20年代也还没有人指出它们与天地会有什么关系。研究马来亚华人会党的英国殖民地官员布莱斯归纳当时的资料，并判断："槟榔屿的三个由'澳门人'组成的会党：和胜、义兴和海山是三合会的不同支系，这一点在当时并没有被意识到。"⑮但是他引用的证据是1854年殖民地官员沃恩的一篇文章。正如很多研究东南亚秘密会社的历史学者，布莱斯倾向于把以后出现的文献，往前引申来说明19世纪20年代槟榔屿华人帮派的性质。这倒令我们相信并没有当时的文献能证明天地会与19世纪20年代的帮派有什么关系。

英国人最早介绍天地会的文章写于1821年。传教士米尔尼（William Milne）于1822年在马六甲去世，离世前将文章交给与他一同传教的马礼逊（Robert Morrison）。1825年，也就是槟榔屿华人会党处于紧张时刻时，马礼逊将此文发表。⑯文章介绍了天地会的名称、目的、内部组织，特别提到了写在布上的规则，也描述了拜会仪式，包括钻刀、过桥、发"三十六誓"。文章说明仪式由二人主持，其中叫"二哥"的这位在仪式中读出誓词。文章还讨论了天地会的手势，很详细翻译了"腰凭"（称之为"印鉴"）。文章附有汉字，也有一张五角形腰凭的图片，上有"兄弟分开一首诗"等几句。文章内容没有多少提到马来半岛的会党。只有寥寥数语提及1818年在马六甲有个裁缝匠杀人后逃脱，而这个人是会党头目之一。文章也没有提及义兴公司。米尔尼多次往返于澳门与马六甲，文章的内容，不一定是马来亚的情况，只可以说是把嘉庆年间在中国本土的资料介绍到马来半岛。马礼逊在米尔尼死后又发表了一篇关于腰凭的英文翻译，说明文件于1828年在澳门一处坟场被找到，更令我们相信米尔尼的资料实际来自于广东。[17]

1825年后天地会的名称开始频频出现于英国人的报告，但是从20年代至40年代的报告的资料性有限。[18]很多见闻来自道听途说，虽然也有类似天地会的文献收入其中。描述拜会仪式的报告实际上也只有三段，并且没有任何一段显示拜会与高溪庙或"木杨城"有关。1824年在新加坡的郊区，一个名叫阿都拉的马来人偷看了一次拜会。他看到一堆人面对"祖先偶像"，中间有个主持人，两边站着持刀者。他们在"神坛"前烧纸，然后有八个持刀的人拉一个入会者过来，主持人与入会者一问一答。阿都拉不懂汉文，所以他事后才知道问答的内容。他也看到了歃血。唯一能证明这个仪式就是天地会的拜会的，只有一句话。主持人问："你为什么来这里?"答："我想参加天地会。"[19]第二段材料来自1830年新加坡副参政司文翰(S. G. Bonhâm)的报告。[20]这份报告意在回应槟榔屿殖民地政府发现华人会党。报告承认新加坡也发现有天地会、关帝会、与祖师公会等三个会；描述了天地会拜会时，先杀鸡，然后会员割破手指取血，混在鸡血中，饮血发誓。第三段资料来自1840年一个英国驻马六甲军人纽波尔德(Thomas John Newbold)的报告。在纽波尔德长达差不多四十页的文章中，有一半在谈刘、关、张桃园结义。他去了马六甲拜会的房子，看到墙上贴有很多写有汉字的纸条，正中挂着三个人的画像，画像前面的玻璃柜里供奉长明灯，周围有香、大罗伞、木制矛、剑、和棍子。他的文章翻译了两套三十六条规矩，有描述问答与誓章，也附了三份腰凭，其中一份有"五人分开一首诗"几句。从誓章的内容看，会友向刘、关、张发誓。纽波尔德没有看到拜会，虽然他的文章题目是天地会，但是，他相信访问的地方所拜的神就是刘、关、张。㉑尤其值得注意的是三篇报告都没有提到义兴公司。

虽然参与华人公司的成员都要求发誓对会内情况保密，英国殖民政府却很清楚知道公司的所在地与公司头人的姓名。研究槟榔屿华人社会的陈剑虹先生结合档案的记录与地方上的遗址，对 19 世纪上半叶槟榔屿头人做了详细的考证。根据殖民地档案 1825 年警察队长关大的报告，义兴公司的地址在"教堂街"（Church Street，陈先生称之为"义兴街"），首领叫文科（Mun Affoh）。陈先生在槟榔屿的名英祠里找到他的神主牌位。据陈剑虹先生研究，名英祠内义兴公司领袖的神位都是 1890 年后从义兴馆移去。神龛上，不止文科的牌位，还有好几十个牌位，不清楚是否都与义兴公司有关。其中有一位梁显正的牌位，内匣写有"始大哥"。1825年文科供，义兴馆已经创办了二十四年，前任首领十八个月前去世。所以，根据文科的供词，义兴馆创办于1801年，即嘉庆六年。[22]

槟榔屿华人在嘉庆六年前后相当活跃。嘉庆五年他们捐了三千八百多银元建立了最核心的广福宫，嘉庆六年广东人捐了四百银元建立广东义冢。这两个机构很能代表当时华人在槟榔屿的势力。广福宫带头捐献一百大洋的是两名甲必丹，就是英国承认的代表华人的头目。捐一百银元的名单内还有"肆公司"一词，不知道何所指。捐钱名单内没有梁显正和文科。陈剑虹先生认为文科1819年才到槟榔屿。道光二十四年广福宫重修，文科捐了三十元。道光十七年广东义冢建亭，他捐了二十元。碑文记录他是总理。文科1825年的供词说义兴公司建立的目的是为"救济有病或患难的会友"，这与他参与修建广福宫与义冢是配合的，但是从捐款的碑记来看，早期的义兴公司还不是槟榔屿华人社会举足轻重的机构。[23]

随着贸易的增长，华人移民的数字在马来半岛也一直在增加。槟榔屿的华人人口从1820年到1850年翻了差不多一倍，到1860年又翻一倍。新加坡华人人口增长比槟榔屿更高。[24] 19世纪40年代至70年代，华人会党的势力随之崛起，党派之间的斗争也趋向激烈。1826年闽人已经另组存心公司，1844年，闽人龙山堂邱姓又另组建德堂。陈剑虹先生形容这个年代，说："地缘色彩浓厚的闽帮两大会党，以及后来出现的闽帮全义社同路人，在经济利益当头的狭窄空间争天夺地的事件，便成为19世纪下半年（'期'字之误）的常态。"[25]正如陈先生说，19世纪50年代到19世纪70年代，会党在槟榔屿与新加坡多次为争夺利益大打出手引致变乱。

大概从19世纪40年代开始，英国殖民地政府开始用"秘密与危险"(secret and dangerous)来形容华人会党。1843年，海峡殖民地拟了一个"压制海峡殖民地秘密与危险的会社法案"提交到印度殖民地政府（当时还是东印度公司）。印度殖民地政府没有批准。⑳但是，同样的概念在中国人居住的香港出现。

三、香港与海峡殖民地的互动

1842年鸦片战争后，不平等条约把香港岛割让给英国。开埠的头几年，英国政府主要着力于建立地方上的政府威信并且与广州的清朝官吏，尤其是两广总督，维持关系。1845年香港总督发出的一份汉文告示，看似颇为奇怪。这个告示说：

> 大英钦奉全权公使大臣总理香港地方军务兼领五港英商贸易事宜德，督同议官，为弹压三合会匪

等事。照得所有中华三合会匪党，远背宪权，而扰乱伦常，以致不得安保生命基业，但该会匪，私行苟串，甚易犯罪，并助罪犯逃遁。是以嗣后查有居住香港等处汉人，与该三合会党纠结，例应究办。如查确实有据，即监禁限三年以下，或令挑泥，或不令挑泥，及至限完，则刻字右脸，与逃兵无异，并驱出香港。等谕。合就出示，仰阖港居民人等知悉，汝等各人，务宜安分守己，毋与该会匪交结，以干罪戾。各宜凛遵无违。特示。[1]

这份文件的背景相当复杂，但是可以说清楚的是这个告示并不是因为香港发现三合会所引起。

据1845年1月香港总督向英国外交部提交的报告，1844年，与三合会有关的来自广东汲水门的海盗盗劫了一条英国船。广东巡抚得到报告，严厉处理，捉拿海盗。香港总督的报告，将这个事件后的双方合作说得很清楚：

当我感谢耆英（两广总督）通知我他已经把赤柱海外的海盗处决，为了证明我对中国的友好感情，和对惩罚犯罪者的合作，我另外提到我已经通过一份严厉的法案对付三合会。这个会的目的不止鼓励和包庇犯罪，而且鼓励推翻现在的中国政府。我已经收到两广总督的回信，感谢我这个表示友好的证据。㉒

虽然此处白纸黑字地说明法案的缘由，我们还需要考虑更多其他的背景。1844 年至 1848 年香港总督戴维斯（John Francis Davis）是位中国通。1840 年他写过一本书，详细介绍了中国的历史、风俗、清朝的制度，等等。其中他采用了传教士米尔尼有关天地会的文章来描述三合会。㉓但是戴维斯既是香港总督，他同时也处理《南京条约》中允许通商的五个口岸。而中方的耆英以两广总督的身份，也在处理"夷务"。1844 年，他们二人都忙于处理香港问题以及英国退出鸦片战争时期占领的舟山岛。戴维斯在香港也面对治安问题的治理，他建立了警察制度。从日后的眼光来看，组织警察对付治安似乎是顺理成章的事情，但是若置于19世纪40年代，即使在英国本土，警察也是一种新的制度创建。③所以从他与耆英的来往信件来看，与其说戴维斯需要立法收敛三合会，不如说他以在香港追讨三合会，来与耆英达成交换——由广东方面对付海盗。至于他提出的"黥面"的惩罚，看来既非英国也非清朝的制度，而是戴维斯一厢情愿以他认为的清朝制度来惩罚香港匪徒。原则上，在19世纪40年代，以清朝的惩罚对待香港匪徒是被英国政府接纳的方式，但是，英国外交部还是不批准法案内的这一节。几个月后，戴维斯宣布取消了这一部分。1847年，根据一个海盗的口供，耆英开列了二十多个在香港的"各堂盗匪"名单交给戴维斯。③

海峡殖民地归印度殖民政府管辖，香港归英国政府管辖，所以香港的镇压三合会法律来得比海峡殖民地早，由此也变成海峡殖民地模仿的模式。有了这个背景，我们比较好了解海峡殖民地19世纪50年代有关天地会的言论。

四、天地会拜会范本的出现

我们再一次强调，在海峡殖民地，华人结会，互相包庇，是很普遍的现象，其中也会发生打斗。从19世纪20年代起，海峡殖民地的外国人也知道天地会的名气，也知道结拜天地会在中国本土属于谋叛行为，可能从腰凭也知道一点五房的故事。但是，一直到1850年，在海峡殖民地，就是马来半岛，没有一个例子把海峡殖民地的华人团体连到天地会五祖、高溪庙，或以"木杨城"为核心的拜会活动。一直到1854年才有了第一个会党与天地会五房有关的报告。

这份以槟榔屿华人风俗为题的报告是1851年至1856年任槟榔屿警察队长的沃恩(J. D. Vaughan)所写的。沃恩于1879年再把该文改成单行本刊行。®文章与单行本大同小异，这里只讨论沃恩1854年的文章。

沃恩1854年文章的重点，是他承认华人有很多不同的互助团体，但是其中只有五个会是三合会。五个会之中只有两个，就是义兴与和胜，"比较接近有名的中国三合会，义兴相等于天地会"。他描述了两个他亲耳听到的故事。一个故事是个马来人对他讲的，讲到马来人参加和胜会的仪式。仪式有问有答，有发誓，有规章，但是没有提到与天地会五祖有关的故事。另一个故事有关文科。他不止见过文科，文科还对他的工作有很大的帮助。从他的描述，他与义兴与和胜的领导人很熟悉。他说："所有头人都很有名气。"®然后，他描述了天地会五祖的故事。他说："槟榔屿的会的成员是这样解释这些互助团体的来源的。几百年前，中国皇帝受到很多敌人的攻击，他已经放弃了对生命和国家的期望。他听到有三百个牧师（priest）以武勇与巫术出名，所以向他们求助，他们也乐意帮忙……"牧师打败了敌人，但是皇帝将他们杀害，只余下三个人，分别跑到广东、福建和北方。这三个人创立了会规、手势，然后分开，决定有一天要推翻皇帝的朝廷。他在故事结尾加了一句话："在槟榔屿，人们都相信在中国造反的人都是会的成员。"③我们需要记得，这本书出版的时候，在中国本土，太平天国已经在南京建立政权。沃恩这个不清不楚的故事，是第一次有人在海峡殖民地用文字讲述当地的华人会党以天地会的故事作为它们的历史渊源。

太平天国运动的发生、厦门和上海的小刀会、广东洪军起义，深刻左右着外国人对清朝的观感。殖民地政府行政的需要也增加了通译的工作，随之而兴起的是 19 世纪后期的"汉学"。1866 年荷兰人施列格（Gustave Schlegel）按照"汉学"的传统把天地会的传会文献全部翻译成英文，并考证部分的内容。⑨施列格 1840 年出生，他出版天地会文书翻译本的时候只是一个年轻小伙子，封面注明他当时是荷兰殖民地政府的通译。这本书成为他的成名之作，往后几十年他成了名享誉欧洲的汉学大家之一。⑩施列格的书的内容包括天地会的传说（主要是《西鲁序》）、天地会拜会仪式的安排以及问答、手势和暗语，洋洋洒洒三百多页，蔚为大观。他在序言交代，他的材料主要来自荷兰殖民地巴达维亚，警察破案检获的材料。但是他说明，他也有参考其他资料。对于他的翻译，此处无须讨论，我们希望指出，他的书在哪些方面深刻地影响了日后对于天地会的见解。

首先，结合本书第三章的讨论，我们有理由相信，嘉道间越来越多天地会的手抄本，就是所谓的"会簿"，流传得愈加广泛。施列格的资料证明，到了 19 世纪中期，巴达维亚华人也收藏了这类文书。⑪我们也可以把施列格的材料与萧一山的材料进行比对。萧一山《近代秘密社会史料》出版于 1935 年，但是他的资料是从英国的大英图书馆所抄录。田海先生详细排列了资料的目录，有部分没有年份，但是有数份材料注明来自 19 世纪 50 年代。⑧再者，施列格的书只有使用文字材料，他没有访问，也没有参与华人社团的活动。因此，可以说，他的书代表一种对于天地会的书面认识。尽管他讨论天地会拜会仪式，他的翻译只能告诉我们天地会的"会簿"怎样记录的拜会议程，而不是拜会的实际演绎。

施列格的书的重要性在于其变成了有关天地会资料的权威。与他以后的著作不一样，这本书用英语发表。他在序言解释道，一方面英语流传比荷语广，另一方面因为天地会的活动在荷属殖民地参与人数不多。所以，他是为了回应英国殖民地对于天地会的讨论才使用英语来写作。我们需要注意，一直以来有关天地会的文献只是私藏的抄本，当时只有外国人以公开发表的文字讨论天地会的活动。施列格的书出版以前，这些公开发表的文字也只是报刊文章与小册子。所以我们需要追问，权威性的著作出版会带来什么后果？后果是所有扎根田野进行历史人类学研究的学者都知道的噩梦——权威的著作可以影响地方上人士提供的资料。私藏的抄本没有统一性。权威的出版，尤其是装帧的如施列格《天地会》这般漂亮辉煌的书本，一经问世，即成经典。它不止描述现象，它还为现象提供共识。日后关于天地会的著作出版都以施列格的《天地会》为出发点。施列格的《天地会》没有一条资料把实在拜会的活动关联到他翻译的天地会"会簿"，但是由于它基于在巴达维亚发现的材料为天地会编辑了一套经典性的资料库，以后的研究者可以引经据典地替东南亚的华人会党加上天地会的外衣。当然，这个方向非常符合海峡殖民地的英国官员的要求。1868年海峡殖民地政府成立委员会调查前一年的槟榔屿暴动（就是会党械斗），委员会报告特别引用施列格书来解析会党的性质。刚刚好，从1867年，海峡殖民地的管辖权移交到英国政府的殖民地部。以后海峡殖民地与殖民地部的函件也引此以为根据。[39]

施列格书多处引用了题为《义兴馆》或《义兴公司》的文件，但是他对"义兴"一词，只作了字面的解析而没有追问"义兴馆"或"义兴公司"所指为何。从文献内容看，有一张是义兴公司提名主要职位的告白，提名的职位有：大哥、二哥、先生、红棍、议事、草鞋等职，更有"红帖"通知被公举的人。[40]这类公开提名制度，在任何其他天地会文献都没有出现，也不见于传统华人的会社。但是施列格特别指出，这个制度契合他翻译的规章条文。但是，一直到道光后期，被发现的天地会文书都没有规章，最早记录所谓《三十六誓》的文字来自1840年纽波尔德的报告。尽管以后"红棍""草鞋"等职位与三合会的流传结合为一，最早提到这些名词是咸丰初年京官曾望颜报告道光末年关于他的家乡广东香山县的奏折。[41]在19世纪60年代，义兴馆主要有两处，一处在槟榔屿，另一处在新加坡，两者没有相互的关系。[②]但是，从厦门与上海小刀会的资料，我们也知道，在19世纪50年代"义兴"的名称也被滥用在起义军的告示。由于没有更详尽的资料，我们不可以判断施列格的材料有多少渗透到实际的会党活动之中。这个疏漏不能不说是他的书中美中不足之处。

五、根据范本的拜会

会党互斗频繁的19世纪六七十年代，同时也是英国在马来亚半岛势力扩张的年代，海峡殖民地政府也实在是需要重整对付会党的政策。但是在英国殖民地部管辖前、印度殖民地政府不同意禁止会党的条件下，海峡殖民地政府只可以退而求其次，要求所有会党注册。1867年槟榔屿暴动后，殖民地政府更需要紧急出台一套应付会党的办法，1869年立法要求华人会党向政府登记，殖民地政府更认为它需要对华人多作了解，于 1877 年成立了华人保护处（Protectorate of Chinese Office），第一任华人保护官（Protector of Chinese）毕麒麟（William Pickering）第一次描述了槟榔屿会党以天地会仪式举行拜会。㊸

毕麒麟任华人保护官时 37 岁。他 22 岁离开英国，后加入清朝海关。几年后辞职，去了台湾，在洋行工作。他学习了汉语与闽南方言。1872 年受聘于海峡殖民地通译一职后，他马上就参与了帮派矛盾的调停。在毕麒麟上任的头一年（1878），他发表了一篇讲演，称有个海峡"秘密会社"。他非常相信施列格。他说："以我的意见，任何欧洲人不怕困难地把施列格先生宝贵的书消化以后，都会比海峡殖民地十分之九的堂主更了解天地会的来源、仪式和表面上的目的。"讲演余下的部分详细地描述了天地会五祖的故事（就是《西鲁序》）。㊹过了一年（1879），他又发表一篇讲演，描述了一个他在新加坡亲眼观察过的拜会仪式，有七十多个新人参与拜会。⑮

我们不能怀疑毕麒麟真正观察了一次隆重的拜会，但是也不能相信他的报告纯属观察。他的报告透露很多书面的信息。其实，他的报告是我们所见过的关于天地会"会簿"所描述的问答、诗文以及誓章的最有系统的记录。他的报告分为两部分，第一部分是"会所与布置"。⑯他所观察的会所是否如他报告的布置不可知，因为他一开始便告诉读者他会以一份石印的图为依据。该图也插入出版的文章，大概他在讲演时也曾展示（见图3）。⑰图中画出了"义兴馆"的布置，很生动地显示"新丁"（参会者）在拜会问答前所经历的不同阶段。进门，拿起"红棍"，进洪门、木杨城、乾坤圈、过桥、到太平圩福德楼。每一阶段有专人把守。毕麒麟逐一给出他们的名字，描述每一段新丁的对答，甚至木杨城东、南、西、北门的对联。这些都是"会簿"里常见的文字。

图 3　天地会拜会图

引自 W. A. Pickering, "Chinese secret societies, Part II," *Journal of the Straits Branch of the Royal Asiatic Society*, 1879（3），pp. 4-5。

报告第二个部分是"仪式"。新丁清洁身体，穿上干净的衣服，在"太平圩"旁一个房间准备入会仪式。新丁需要登记姓名，仅根据毕麒麟的描述，难以断定是否在仪式这一环节进行登记。比较清楚的细节是，他说明了需要有人"介绍"每一个新丁，因此可能曾经有点名。新丁解开发辫，袒露胸膛，表示不服从清朝的统治。随后被称为"先生"的人整理插有旗帜的木斗，旗帜代表着五祖和天地会五房，以及许多其他的神祇。整理木斗时，先生念道：

新立木杨城

今晚会洪英

干戈叠叠起

反清而复明

毕麒麟说这几句话引自施列格。⑱斗放在祭坛的西边，另一边是茶杯、酒杯、筷子等。祭坛准备好后，先生走出洪门，叫新丁名字，向他们讲述天地会源流的故事。在这个部分，毕麒麟比较多地着墨于仪式的活动，虽然他引用了施列格书的诗句，但是他对程序的描述与施列格不同。到这一个环节，毕麒麟称新丁才被介绍入会；而施列格则认为至此环节入会的仪式已经完成。另外，毕麒麟特别记录了先生向新丁讲的话。大意是原来天地会的规则，有部分已经不合时宜，但是天地会会员还是需要互相保护，有苦难时，也可以向警察或华人保护官求助。毕麒麟也明白这几句话恐怕是有意说给他听的。

讲话完毕，先生传授秘密手势与暗号。之后，先生也解开发辫，穿过忠义堂、木杨城（毕麒麟说，在每一处都会念一首诗），到达红花亭、在红花亭他点玉皇灯、净坛，在五祖牌位前点燃五条草以代替香，念请神表文[49]，祭旗，指派各守门将军，然后开始与带领新丁的先锋的对答。毕麒麟记录这部分有三百三十三条问答，为时一小时。他可能真正观察了这个过程，因为他说："真令人惊讶，一个聪明的先锋可以正确地回答每一个问题，每一首诗，不需要书本，也不需要先生的帮忙。先生在神坛上是有礼仪本的。"⑩之后钻刀、发誓，但是没有记录歃血。

毕麒麟的记录是我们见过唯一在马来亚半岛从观察中所得到的记录。毕麒麟说他参与过多次拜会，但是没有谈及是否每次都同等隆重。他在1879年的讲演中论及的一次，在场的官员不止他一人，除他以外还有政务司(总督以下最高长官)、警察处长、和他的副手。⑪当年的华人保护官的年报，表扬帮会愿意与殖民地政府合作，连他自己也从主张禁止拜会转变为支持登记。因此，我们不能否定到了19世纪70年代，平常的拜会也会出现类似于他所观察的这些活动，虽然他这一次的观察，明显带有表演给政府官员观看的目的。⑫以后对天地会的研究，以毕麒麟的报告，尤其是他提供的"会所与布置"插图，作为拜会的常态，是言过其实的。[53]

更为讽刺的是，至1885年，当海峡殖民地设例禁止组织会党时，槟榔屿义兴公司的当事人员宣布他们的会社没有政治目的，纯粹是个互助和慈善的机构，与在中国的天地会无关。政府没有理会这个宣言，还是解散了槟榔屿义兴公司。[54]

六、小结

毕麒麟的描述，比较接近嘉庆末年广西的拜会报告（见本书第三章）。在广西的几个拜会，用竹篾做圈，两旁站持刀的人，新丁从中间钻过。嘉庆二十三年广西恭城拜会，新丁过三个竹篾圈才来到场地中间——写有"忠义堂"三字的香案。咸丰初年曾望颜有关广东香山县拜会的奏折，说："其结拜时，设一纸帐城，城上供未知何牌位，旁坐一白衣白帽者，谓之亚妈，入会之人，俱穿刀门而入，跪听亚妈教授隐语。各以缝针针其指头，滴血，血水一盅，各饮一口。亚妈乃高声念悖逆之语，众皆齐声应答而起。"⑤从嘉庆末期的广西、道光末期的广东，到19世纪中后期的马来亚半岛出现这些了相同的变化来看，我们可以分析出一个论点，即这代表了天地会的某种散播。问题是，这是仪式的扩散，还是天地会的扩散？没有任何迹象证明东南亚华人会党与福建乾嘉时期的天地会有关，直到19世纪70年代，也没有任何迹象显示马来亚半岛的华人会党有推翻满清政府的意图。

殖民地统治者也知道会党与天地会的关系只是历史传统，它们主要是互助或包庇团体，相互的争斗照例是地盘势力的竞争，而不是针对殖民地的统治。施列格的学生与接班人高延（Jan Jakob Maria de Groot）为了这个论点大声疾呼："认为由外来联络人或代理人在我们殖民地组织秘密会社，从未得到令人信服的证据。相反，在婆罗洲不止一次可以看到，他们先建会社然后派人到新加坡了解那边会社的象征与组织，以便应用到新会社上。"⑤他也说："不管如何看待殖民地华人会社，总之，哪里都查不出它们与中国秘密会社之间有关系的蛛丝马迹。再说，那些以推翻满清王朝为目的的政治团体，会有什么动机到超出清统治势力数百里以外的海外地区去发展关系？"⑥

那么，为什么当殖民地政府需要设限控制这些机构的时候，它们就会抬出天地会的故事，并引申施列格的研究以作为依据呢？殖民地政府需要论证制定法例的合理性，天地会的传统正好赋予了华人会党反叛的性质，汉学家施列格的巨著更可以提供证明，不管事实上有没有根据。事实上就是没有根据。施列格读了天地会的文献，没有看过一次拜会，也没有访问参与过拜会的人，做出了武断的结论。⑥他为传说中的天地会故事装上了一段考证过的叙述。

传说(或神话)需要放到文化的脉络才可以见其意义，但是考证过的叙述看似是更为"科学"的结论，却超越了时势与场地的限制。对天地会历史有兴趣的学者应该参考19、20世纪殖民政府在非洲对"习俗"的影响。在非洲，殖民政府需要让"现代化"的政策与传统习俗相配合，而地方的人士也乐意重构一套习俗以响应政府的导向。其中一个环节就与文献有关。殖民政府的政策通常以文字来记录，非洲传统习俗只有口传和仪式。将口传和仪式的习俗用文字记录下来，习俗因而僵化，这样反而更符合以西方的眼光来看一个非西方的传统。[59]马来亚半岛华人会党有多少经历了类似的变化，我们难做判断，比较肯定的观察是在19世纪前半期，即在嘉庆、道光年间，这些会党没有多少天地会的痕迹，至19世纪后半期，它们所显示出的所谓与天地会相关的传统，与殖民地政府政策有莫大关系。

注　释

①　陈庆镛：《籀经堂类稿》卷 2《奏疏·请办闽省会匪疏》，见《续修四库全书》第 1522 册，493 页。

②　佐佐木正哉著，李宗慧译：《咸丰三年小刀会叛乱》，见洪卜仁主编：《闽南小刀会起义史料选编》，182～213 页，厦门，鹭江出版社，1994。引文来自《就生长于英国属地之中国民人回国后不应归英领事馆管理事同英使交涉》(咸丰元年三月二十二日)，见刘子扬、张莉编：《清廷查办秘密社会案》第 35 册，10347 页。

③　《(乾隆)马巷厅志》附录卷下《小刀会匪纪略》，90a～b 页，光绪十九年补刊本。

④　黄嘉谟：《英人与厦门小刀会事件》，309～354 页，载《"中央研究院"近代史研究所集刊》，1978(7)。

⑤　裕泰：《为拿获漳泉会匪按例分别定拟折》，见洪卜仁主编：《闽南小刀会起义史料选编》，88 页。

⑥　洪卜仁主编：《闽南小刀会起义史料选编》，15～21 页；中国科学院上海历史研究所筹备委员会编：《上海小刀会起义史料汇编》，3～30 页，上海，上海人民出版社，1958。

⑦　洪卜仁主编：《闽南小刀会起义史料选编》，15 页；中国科学院上海历史研究所筹备委员会编：《上海小刀会起义史料汇编》，28～30 页。

⑧　包乐史(Leonard Blusse)、吴凤斌：《18 世纪末吧达维亚唐人社会：城公馆档案研究》，229～230 页，厦门，厦门大学出版社，2002。

⑨　有关"公司"一词，参看松浦章著，华立译：《清代"公司"小考》，95～98 页，载《清史研究》，1993(2)；方流芳：《公司词义考：解读语词的制度信息，"公司"一词在中英早期交往中的用法和所指》，277～299 页，载《中外法学》，2000(3)。

⑩　《兰芳公司历代年册》，见高延(J. J. M. de Groot)著，袁冰凌译：《婆罗洲华人公司制度》，见《"中央研究院"近代史研究所史料丛刊》第 33

辑，10 页，台北，"中央研究院"近代史研究所，1996。原著于 1885 年出版。

⑪ 《兰芳公司历代年册》，17 页。

⑫ 罗香林：《罗芳伯所建婆罗洲坤甸兰芳大总制考》，22～23 页，北京，商务印书馆，1941。有关兰芳公司的入会仪式，参见田汝康：《中国帆船贸易和对外关系史论集》，68 页，杭州，浙江人民出版社，1987。

⑬ 威尔弗雷德·布莱斯(Wilfred Blythe)著，邱格屏译：《马来亚华人秘密会党史》，15～18 页，北京，中国社会科学出版社，2019。

⑭ Carl A. Trocki, "The rise and fall of the Ngee Heng Kongsi in Singapore," in David Ownby, Mary Somers Heidhues eds., " *Secret Societies* " *Reconsidered*, *Perspectives on the Social History of Early Modern South China and Southeast Asia*, London: Routledge, 1993, pp. 89-119, 对这些问题有很清晰的介绍。

⑮ 威尔弗雷德·布莱斯：《马来亚华人秘密会党史》，21 页。所谓"澳门人"是从澳门出洋的华人统称，布莱斯认为主要包括广府人和客家人。

⑯ Dr Milne (William Milne), "Some account of a secret association in China, entitled the Triad Society," *Transactions of the Royal Asiatic Society of Great Britain and Ireland*, Volume 1, Issue 2, 1826, pp. 240-250.

⑰ Robert Morrison, "A transcript in Roman characters, with a translation, of a manifesto in the Chinese language, issued by the Triad Society," *Transactions of the Royal Asiatic Society of Great Britain and Ireland*, Volume 1, Issue 1, 1834, pp. 93-95.

⑱ 布莱斯：《马来亚华人秘密会党史》，24～61 页；Mervyn Llewelyn Wynne, *Triad and Tabut*, *A Survey of the Origin and Diffusion of Chinese and Mohamedan Secret Societies in the Malay Peninsula*, *AD 1800-1935*, London: Routledge, 1941, pp. 69-82.

⑲ Abdullah bin Abdul Kadir, *The Hikayat Abdullah*, *an Annotated Translation by A. H. Hill*, Kuala Lumpur and Singapore: Oxford University

Press, 1970, p. 210.

⑳ 威尔弗雷德·布莱斯：《马来亚华人秘密会党史》，27 页。新加坡参政司(Resident Councillor)是殖民地时代海峡殖民地总督下最高级的公务员。文翰于 1836 至 1843 年任海峡殖民地总督，于 1848 至 1854 年任香港殖民地总督。

㉑ Major-General Wilson (E. W. Wilson) and Lieutenant Newbold (Thomas John Newbold), "The Chinese Secret Triad Society of the Tien-ti-huih," *Journal of the Royal Asiatic Society of Great Britain and Ireland*, Volume 6, Issue 1, 1841, pp. 120-158. 纽波尔德懂印度斯坦和波斯语，对马来亚半岛有研究出版，1835 至 1840 年任 E. W. Wilson 将军的副官，生平见 Oxford Dictionary of National Biography（网络版），Newbold, Thomas John 条。

㉒ 陈剑虹：《走近义兴公司》，67～69、94、96～99 页，Penang, Malaysia：Tan Kim Hong，2015。文科供词见于 Wynne, *Triad and Tabut*, p. 74。

㉓ 陈剑虹：《走近义兴公司》，97 页；陈铁凡、傅吾康合编：《马来西亚华文铭刻萃编》第 2 册，526～535、690～691 页，吉隆坡，马来亚大学出版社，1985；Wynne, *Triad and Tabut*, p. 74。

㉔ 槟榔屿华人人口 1820 年 8270，1851 年 15457，1860 年 28018；新加坡 1821 年 1159；1850 年 27988；1860 年 50043。引自 Thomas Braddell, *Statistics of the British Possessions of the Straits of Malacca*, Penang, 1861, 表 1。

㉕ 陈剑虹：《走近义兴公司》，109 页。

㉖ 威尔弗雷德·布莱斯：《马来亚华人秘密会党史》，32～36 页。

㉗ 英国外交部档案 FO233/185，31 页。

㉘ 英国外交部档案 FO17/97，81 页。

㉙ John Francis Davis, *The Chinese：General Description of China and Its Inhabitants*, London：Charles Knight & Co., 1840, pp. 189-191.

㉚　G. B. Endacott, *A History of Hong Kong*, London: Oxford University Press, 1958, pp. 50-64.

㉛　罗香林：《一八四二年以前之香港及其对外交通：香港前代史》，167～168 页，香港，中国学社，1959。引剑桥大学图书馆藏编号 F86 内"道光二十七年正月十三日两广总督琦善（耆英之误）致英公使之复照"。

㉜　"Notes on the Chinese of Pinang," *Journal of the Indian Archipelago and Eastern Asia*, Volume 8, 1854, pp. 1-27；J. D. Vaughan, *The Manners and Customs of the Chinese of the Straits Settlement*, Singapore: the Mission Press, 1879。沃恩在 1879 年的书称 1854 的文章是他所写。有关沃恩的生平，可参考 Charles Burton Buckley, *An Anecdotal History of Old Times in Singapore*, Singapore: Fraser & Neave, 1902, Volume 2, p. 555。

㉝　"Notes on the Chinese of Pinang," p. 22.

㉞　"Notes on the Chinese of Pinang," p. 23.

㉟　施列格：《天地会研究》。

㊱　有关施列格对欧洲汉学的贡献，见 Leonard Blusse, "Of hewers of wood and drawers of water: Leiden University's early Sinologists（1835-1911）," Willem Otterspeer ed., *Leiden Oriental Connections*, 1850-1940, Leiden: EJ Brill, 1989, pp. 317-354。

㊲　包乐史、吴凤斌：《18 世纪末吧达维亚唐人社会：吧城公馆档案研究》，229～230 页。引巴达维亚华人公馆 1862 年"拜五公案""附一唐簿……首四帙已破，不尽可观，惟见果是天地会事……下 10 帙绘有庙貌、香炉、棋杆、牌号、黄盖及帅旗、将旗、会旗。再下 20 帙，则集记门联及各诗词。再下 42 帙则集记各色口白及祝神语词。末 10 张集记 36 条誓章。至末 3 帙，俱破，尽不得观阅。"施列格所用的文献有没有包括这本"唐簿"已经无从考究。

㊳　田海：《天地会的仪式与神话：创造认同》，28～31 页。

㊴　1868 年槟榔屿暴动调查报告见于 Wynne, *Triad and Tabut*,

pp. 246-250；其他例子见：1876 年华人劳工与移民情况调查委员会报告，见 "Report of the Commission upon the Condition of Chinese Laborers and Their Immigration," *Straits Observer*，1876 年 11 月 11 日；1888 年海峡殖民地总督为立法禁止秘密会社向英国政府殖民地大臣报告，见于 Wynne, *Triad and Tabut*，pp. 392-395。布莱斯和 Wynne 都注意到施列格的书对 1868 年槟榔屿暴动调查报告的影响。Wynne 说："在 1866 年施列格的书出版之前，政府并不了解三合会的运作。"见于 Wynne, *Triad and Tabut*，p. 244。布莱斯说，调查报告委员"学习施列格的著作"。见于布莱斯《马来亚华人秘密会党史》，p. 131。

⑩　施列格：《天地会研究》，94～95 页。

⑪　《遐迩贯珍》第一号，1856 年正月初一，6b-9b 页。

⑫　Trocki, "The rise and fall of the Ngee Heng Kongsi in Singapore," pp. 115-116。

⑬　威尔弗雷德·布莱斯：《马来亚华人秘密会党史》，130～148、179～207 页。

⑭　W. A. Pickering, "Chinese secret societies and their origin," *Journal of the Straits Branch of the Royal Asiatic Society*，volume 1，1878，pp. 63-84. 引文出于 64 页。有关毕麒麟生平，见 R. N. Jackson, *Pickering, Protector of Chinese*，Kuala Lumpur：Oxford University Press，1965。

⑮　W. A. Pickering, "Chinese secret societies, PartII," *Journal of the Straits Branch of the Royal Asiatic Society*，volume 3，1879，pp. 1-18.

⑯　毕麒麟文这个部分等同萧一山编：《近代秘密社会史料》卷 4《会场陈设》，12a～b 页和施列格：《天地会研究》，68～75 页。

⑰　见于 Pickering, "Chinese secret societies, Part II" 4～5 页之间插页。新加坡历史博物馆藏有一张彩色"义兴公司图"，疑为同一张图。见 Irene Lim, *Chinese Triads：Perspectives on Histories，Identities，and Spheres of Impact*，Singapore：Singapore History Museum，2002，p. 94。

⑱　毕麒麟原文只有英文翻译，此处引自施列格：《天地会研究》，

200页。

㊾ 虽然毕麒麟的报告与施列格书在这一段的描述有明显的分歧，毕麒麟报告的请神文还是引自施列格：《天地会研究》，176～178页。

㊿ Pickering, "Chinese secret societies, Part II," p. 15.

(51) Wynne, *Triad and Tabut*, p. 363.

(52) 沃恩1879记录另一个新加坡的例子："有一个土生华人(baba)，以前是义兴的会员，而现在，在1878年，他是其中一个秘密会社的长老，告诉我，当他入会时，需要经过三道拱门，最后一道有两个拿住剑的人把守。发誓对会忠诚和服从会所有的规则后，他刺破手指，滴几滴血在一盘土制酒里。所有入会的人都这样做。仪式后，所有在场的人，包括新人，喝这个有血的液体。经过这样的礼仪，他们成为兄弟。" 见Vaughan, *The Manners and Customs of the Chinese of the Straits Settlement*, p. 111。

(53) 毕麒麟留下的笔记，应用到继施列格之后另一本有关天地会的巨著，就是J. S. M. Ward, W. G. Stirling, *The Hung Society or The Society of Heaven and Earth*, London: Baskerville Press, 1925。Ward是个在英国宗教史上很有争议性的人，他相信仪式有奥秘的意义。本书资料来自在新加坡华人保护处的Stirling。Stirling说，他在禁止会党后上任，没有机会参看拜会仪式。

(54) 威尔弗雷德·布莱斯：《马来亚华人秘密会党史》，214～218页。

(55) 《遐迩贯珍》第一号，1856年正月初一，7a～b页。

(56) 高延：《婆罗洲华人公司制度》，118～119页。

(57) 高延：《婆罗洲华人公司制度》，121页。

(58) J. S. M. Ward, W. G. Stirling, *The Hung Society or The Society of Heaven and Earth*, p. ii.

(59) 参看Terence Ranger, "The invention of tradition in colonial Africa," in Eric Hobsbawm and Terence Ranger eds., *The Invention of Tradition*, Cambridge: Cambridge University Press, 1984, pp. 211-262。

哥老会

有关 19 世纪秘密会社的研究，十之八九前半段讨论天地会，后半段讨论哥老会。随手翻阅当代的历史记录，这两个名词的出现，也的确反映出对应的时段分布。嘉道年间的政府档案，对哥老会只字不提，同治光绪的记录，除了档案还有报纸，把很多治安问题，尤其是民间反西方传教士引起的矛盾，归咎于哥老会。学者通常把两部分历史连贯起来，追寻源流。有的认为哥老会承传自天地会，也有的认为哥老会来自与天地会同时代的四川"啯噜"。但是他们都没有说清楚这个所谓"源流"究竟为何：是权力的继承吗，还是制度的演变，是仪式的模仿，还是只是几个名词普及化的应用？不错，有些天地会曾用过的名词也在关于哥老会的报告中出现，但是二者在制度上和仪式上均不同，更没有任何权力继承的痕迹。"嘓噜"是四川某种匪徒的名称，有称"嘓噜子"，官方报告称为"嘓匪"，也说他们"成群结党"①。在有关"嘓噜"的资料中，我们见不到拜会的仪式。四川称为"嘓噜"的流氓，受到种种民间宗教的影响同样不足为奇，但是并不能成为"嘓噜"是哥老会来源的证明。要了解哥老会的出现，我们相信不应该依赖似是而非的所谓来源，我们应该回到现场了解"哥老会"这个名词怎样出现。

一、湘军与哥老会

"哥老会"这个名词的出现，与湘军是分不开的。众所周知，湘军就是曾国藩率领的对付太平军的部队。咸丰三年(1853)，曾国藩奉命在湖南筹办募勇时，曾上奏报告湖南会匪的情况。他说：

湖南会匪之多，人所共知。去年粤逆入楚，凡入添弟会者，大半附之而去。然尚有余孽未尽。此外又有所谓串子会、红黑会、半边钱会、一股香会，名目繁多，往往成群结队，啸聚山谷。②

这里没有提到哥老会。当然，没有提到哥老会不等于没有哥老会。湘军的其中一条营规就有"禁止结盟拜会"，条文附上说明"结拜哥老会传习邪教者，斩"。③

　　现存文献比较清楚地显示出是在什么时候，因为何种理由，在提交朝廷的报告里出现了"哥老会"。罗尔纲先生在《湘军新志》中说明，湘军与清朝的常备军队绿营有两处很大分别：其一，湘军是将帅自招的军队；其二，军士从征日久，可以"遣撤旧军，另行招募"。④同治三年(1864)，湘军攻破太平天国的天京(南京)，曾国藩发现士气倦怠，决定解散湘军。就在这个时候，湘军出现"闹饷"的事件。

同治四年(1865)四月，鲍超带领属于湘军系统的霆军闹饷。曾国藩在四月十七日得到报告，他把此事写进了日记：

> 是日闻霆营之分兵八千由四川入甘肃者，行至金口反叛，弃舟登岸，各营官弹压不服，避回武昌，叛勇由纸口南行，声言至江西索饷，至咸宁已戕官掳人……为之忧灼无已。[5]

曾国藩在日记里通常不记录他所批阅的文卷内容。霆军闹饷却是个例外。过了两天，他又在日记中写下："念及霆营之变，忧灼无已。"[6]闹饷一再发生，同月二十七日，日记记录："知娄云庆所辖霆营于初九在上杭忽叛，十分忧灼，不知所措，绕屋旁皇，无以为计。"[7]再过了两个月，闰五月十五日，"旋闻徽休(安徽省)两军大闹，逼令张道书一借券，限六、七月内清欠饷八个月，并有殴打之事，忧灼之至，行坐不安"⑧。

曾国藩处理霆军闹饷的办法是一方面调动其他军队以防不测，另一方面把欠饷发出。从他的来往书信看，在五月初，他认为"大抵因饥生变，别无它故"⑨。到闰五月初一，他致函鲍超，要求鲍超发出告示，准许金口军士归诚。鲍超答应"不但不治其罪，并每人赏给途费银十两，俾令解散"⑩。

但是当闹饷事件扩散，甚至殴打负责调停的皖南道张凤翥(张凤翥一年后因伤死去)，强迫他写借券，曾国藩逐渐放弃了宽容的态度。闰五月十七日，他复函李鸿章(时为两江总督)，把问题说得很清楚："大闹之后银钱大批立至，各路湘勇皆当纷纷效尤，后患何可胜言?"他更说："且如此猖獗，而各营官安然无恙，似上下商同一气。"⑪所以，他要求在徽休反叛的两营，交出肇事者，甚至言明闹饷的两处，每处需要交出十二个人。他写给两营其中之一的批札说，"本部堂于该军闹饷之案，彻底查办，宽严相济，一面拿究凶犯，所以严惩此次倡乱之弁勇也，一面全清欠饷所以宽待从前立功之弁勇也。若凶犯并未解到，而欲全清积欠，断无如此办法"⑫。曾国藩在七月初八上奏报告该事件时，大约采取这个取向，虽然他没有直接说出交出肇事者是还清军饷的条件。⑬

　　一直到七月，哥老会完全没有在闹饷的文件中出现。但是，在呈上奏折后，曾国藩旋即收到了统领金国琛有关"江湖结会"的报告。细品他的批牍，我们试图揣摩曾国藩看到这篇报告时的心情（这恐怕与哥老会的冒出非常相关）。批牍中，曾国藩首句即直言："据禀，不胜诧异。"为什么诧异？他说他已经命令该营官"清查侵挪克扣"，但是，"接阅此禀，于本部堂札内层层饬查之事，一概不复，忽以查办哥老会为名，敷衍满纸。仅称擒斩龙家寿（其后名字从略）四人，而于各营官及解犯等事，一字不提。无论张道（张凤翥）所禀，该军贪劣之营官，历历可数，即该道七月初一日禀内所称，（名字从略）等，种种办理荒谬，岂全不应解耶？"[14]从字里行间可见曾国藩接到报告之愤怒。

愤怒之余，曾国藩在同治四年十一月二十七日的奏稿中还是把徽休闹饷案归咎于哥老会。他说："该二营倡之于先，各营效尤于后。湘勇素讲纪律，此次所以忽不畏法，则皆由于哥老会从中煽乱。"[15]我们没有金国琛禀告的原件，只有曾国藩的批牍和这份奏折所引的资料。奏折所引的哥老会就是批牍提到的龙家寿等人。其中的这一段很关键，征引如下：

有都司龙家寿者，为哥老会巨魁，刻钱涂朱，以为符信，聚众敛费谓之放票。当其闹饷之际，龙家寿私造令箭、令旗，鸣锣传令，大张条示，其党奉命惟谨。该道自本籍回至祁门防所，不敢发之太骤，七月二十二日密拿龙家寿暨把总孙起贵（以后名字从略）四人，斩首枭示，余党闻而胆慑，登时脱逃者三十余名。[16]

营兵闹饷时，统领金国琛正在休假。待他回营处理事件的时候，曾国藩已经下令要求他提出肇事者。统领以都司龙家寿是哥老会匪，斩首示众。龙家寿是否闹饷时的肇事者，已经无从考究，但是，"刻钱涂朱"也未能证明这就是哥老会。至多我们也只可以说"哥老会"变成了一个通用的名词，把边钱会甚至其他的会都归纳于它的名下。

哥老会煽动闹饷的论点留下了重重疑点，从现存的资料再行探案，很难水落石出。不过，比证明哥老会与闹饷关系之真伪更为重要的，是曾国藩接受了这个观点之后的后果如何影响到同治至光绪之间哥老会的整体历史。

我们再次强调同治四年前没有多少提及哥老会的报告，同治四年后，这些报告层出不穷。在湖南，立即有了回响。犯人之一，营官王品高逃回湖南，湖南巡抚李瀚章迅速将其擒获。[17]但是李瀚章不止捉拿了王品高，同时以"访闻各省撤回勇丁有以哥老会名目勾结伙党，煽惑乡愚，意图不法"，在湘乡、湘潭等县，先后捕获六十二人。他们所犯之罪就是"拜会结盟，或习教惑众，俱欲勾结匪类乘间肆逆"[18]。另一个回应者是闽浙总督左宗棠。他也注意到有一个从湖北退役的守备沈沧海，在同治五年初，潜入汀州附近，"结交哥老会匪，乘勇遣撤，布散谣言，煽惑军士不缴军器"。但是，当地营勇已经领饷遣散，沈沧海也逃去无踪。[19]

左宗棠旋即调任陕甘总督，在西北报告了哥老会。[20]那是另一个故事。在湖南，李瀚章升任湖广总督，接任者是刘昆。曾国藩与刘昆的函件中，一方面肯定哥老会在湖南的行动愈加猖狂，另一方面则显示他的隐忧以及对策。

刘昆在同治六年一月上任，曾国藩三月十三日给他致函，表扬了其前任李瀚章对于哥老会处置得当，"湘人得保大官"。但是他更重要的意见是在于"回籍虽多穷困不得志之员，而敢为戎首力能倡乱者，尚无所闻"[21]。这几句话的目的不是强调而是淡化湖南哥老会的反叛性。但是，刘昆在湖南，很快就面对了会匪起事。同治六年四月，湘乡县出现江湖会，"总堂老冒之赖荣甫……自封公爵，……暗制旗帜器械，……连夜制造大旗，字样极为悖逆，并书伪示张贴"[22]。这些人祭旗，头裹红布，到一名士绅家中，放火烧屋。另外，浏阳县发现有江湖会匪邱志儒等，"聚众谋叛，约期四月二十五日，先抢县城，烧署劫狱，次抢防局枪炮，进攻省城"[23]。这些案件发生在"米谷价昂"之后，也都是由地方团练处理，究竟有多少是贫民抢米，地方械斗，冠以"哥老会"的名目，亦不可知。

虽然刘昆以哥老会倡乱为辞，曾国藩的立场未变。五月二十四日他写给刘昆的信，颇有开导之意。他说：

此辈非尽甘心为匪之人，大约初入会时，有两种议论最易诱人：一曰在营会聚之时，打仗则互相救援，有事则免受人欺。一曰出营离散之后，贫困而遇同会可周衣食，孤行而遇同会可免抢劫。因此同心入会，恶人固多，好人亦极不少。其中愿充老冒雄长而敛财者，数百人中不过二三人，其愿谋反叛逆者，数千人中不过一二人。若因拿办此一二人而株连及数万人，则事将不可收拾，而心亦有所不忍。

鄙意当遍张告示，但问其有罪无罪，不问其是会非会。所谓罪者，大罪一条，谋反叛逆是也。中罪三条，一曰杀人伤人，二曰聚众抢劫，三曰造畜军器是也。

治之之法，大罪叛逆则兴兵诛剿，究其党羽，坐其妻孥。中罪三条则但就案问案，重者正法，轻者伽杖。其未入会而犯此三条者亦不轻纵，其已入会而犯此三条者亦不加重。不究党羽，不坐妻孥。当堂讯供之时，但问本案之是否认供，不问平日曾否入会。至中罪三条之外，或犯小罪，更不问其是会非会矣。

如此办法，则会中之千万好人安心而可保无事，会中之数千恶人势孤而不能惑众。[24]

他在十月三十日的信中，对于处置方式，直接提出了更具体的要求：

凡控告会匪者皆不批准，反供扳会匪者皆不捕拿，苟无他罪，囹圄无专收入会之囚，苟无他犯，差役无专拘入会之票。[25]

"但问其有罪无罪，不问其是会非会"成为对帮会处置的一种全新看法。曾国藩不止提出了口号，他提倡把这个概念公开宣布，他也很具体地列出了州县官处理这类案件应该采取的态度。但是这个策略，把"哥老会"这个名词，变成一个放了出来再也没有办法把它收回瓶子里去的精灵。吴善忠先生认为曾国藩这个政策"对哥老会的蔓延和扩张，事实上起了保护伞的作用"⑩。我们倒怀疑会党闹事的案件不一定有所增加，只是"哥老会"这个名词在这个时期可以公开，从而也导致了普遍地引用。

二、教案与哥老会具体化

让我们再次强调，同治年间民间不是没有哥老会，只是，即使有，它也只是众多的会党称谓之一。曾国藩面对湘军闹饷的呈请的奏折大大提高了哥老会的知名度，把哥老会与退役湘军牢牢紧扣。但是，为湘军书写第一部历史的王闿运，在光绪七年（1881）完成的《湘军志》中明确表示这个名称很容易被滥用。他说：

> 哥老会者，本起四川游民相结为兄弟，约缓急必相助。军兴，而鲍超营中多四川人，相效为之。湘军亦多有。初不为奸利，及寇平，军罢散归，无业者，假以报复劫掠，因又招诱，所在有之，各不相属。又，人猥襍并不能助缓急，而官吏讳劫盗惮缉捕，儒生喜防未然，往往推之哥老以张大其势。奏报频频上闻，廷议以为固有之。虽诏防察，终以为不能绝。

> 寇起既久，督抚亦不复议疏防罪。一闻哥会，辄上变发兵。于是巡抚以湘潭至近，大发省城屯军及旁近军合击，军至六千，以柳万春、于高胜为

将，往来潭醴间，莫测寇势，稍取民间衣物，所至，民亦惮喝之。用兵数月，卒无所得，虚张首虏而还。㉗

这段话是王闿运对刘昆同治九年平定会匪的评语。难怪湘军将领对王闿运很是愤怒，咬牙切齿。㉘

比较时人对于光绪年间哥老会与嘉道年间天地会的讨论，有两处很大的分别。嘉道年间关于天地会的报道，充分显示其源流故事与发展中的拜会仪式。光绪年间的哥老会，则以包含不同宗教派别与结拜小团体的通称出现，没有具体的来源故事，也没有独特的仪式。在官方判案的文件中，最常见的是犯人藏有布票，或散发布票，主持的人物以堂为号，自封为老冒或龙头。官方文件大致也明了，如《湘军志》所说，它们"各不相属"。但是，到了光绪年间，除了官方文件外，报纸已经出现。新闻报纸的报道与官方判案性质有别，一方面不一定清楚资料来源，另一方面在呈现形式上却言之凿凿。从哥老会在同治年间出现的时候起，报纸的报道就已经把它归纳入天地会的类型，也就是说，不管有没有实在证据，新闻报纸认定哥老会好像与天地会有着共同的来源，甚至有着关联的网络。这种论据，在光绪中期仇视洋教的浪潮之下，变成一种阴谋论。

历史文献中收入概括性地讨论哥老会的文章（题为《哥老会说》），至迟出现在同治十年。自称"天下第一伤心人"的作者，把这篇文章编入反天主教的《辟邪记实》之中。文章提到勇丁在传播哥老会中的作用，内容掺杂不少类似天地会的资料，例如歃血立誓，"结拜之后，再念及生身父母、同胞兄弟，必天诛地灭"等。亦有三指手势，口语对答。有关哥老会的组织，文章记录下结拜后，"称会首为老冒，会末为老么，并有冒壳子大爷、圣贤二爷、当家三爷、红旗五爷之称，其余为八牌上的，有上四牌、下四牌之分"。其中，亦有在天地会文献中未曾见过的茶馆"讲皮判"："会党有相角及行事稍与会中不合者，即投明老冒，邀入茶馆批断，为'讲皮判'。老冒上坐，群党旁坐，听判者下跪，判毕，茶钱无论数十人数百人，皆判输者独偿。"话虽如此，编者在文章后加了如下按语："按，红黑会、天地会、上帝会、南北会、大王会、仁义会、串子会、半边钱，一切名目，皆哥老会之流。"按语后，再补充："又按，会有川南贵、江广福两起。川南贵者，哥老会也。以其会多在四川、云南、贵州、湖南、湖北故名。江广福者，千刀会也。以其会多在广东、广西、江西、浙江、江南、福建故名。"㉖由此可见，作者以为哥老会是长江中上游的各种会党的统称。

《辟邪记实》书后附录中有一份《考证书目》，其中一项是"各路新闻纸"。报纸早在嘉道年间出现，其后也越来越普遍。鸦片战争后有关"经世"之术的辩论也常引用其内容，因此《辟邪记实》引用报纸的资料也不足为奇。

这份书目提醒我们报纸在秘密会社的消息传播中也产生了作用。

哥老会从通称名词到实体形象的发展经历了很长时间。早在同治年间，尤其是天津教案之前，外国报纸以为曾国藩反对与外国人妥协。一直到光绪年间，外国人，尤其是传教士，普遍认为湖南人反对天主教和基督教在当地传播。在谈起出现的反洋教传单时，外国报纸也以为是哥老会发出。他们相信湖南士绅领导反教，所以也相信哥老会不只有无业游民参与，也有士绅领导。在长江流域反教浪潮风起云涌的光绪十七年(1891)，六月朝廷发出的上谕基本上接受了这个观点，曰：

> 哥老会匪最为地方之害，叠经降旨查拿并经各该督抚先后获案奏明惩办……近来江苏、安徽、湖北、江西等省，屡有焚毁教堂之事，其拒捕逞凶，抢劫衙署等案，更层见叠出，半由会匪从中主谋，

游手之徒相率附和，以致愈聚愈多，动成巨
　　案……③

　　在各省督抚奏报打击哥老会之余，③光绪十七年(1891)西历六月，英文《北华捷报》刊登了一篇以《哥老会》为题的文章，描述哥老会会员的歃血结盟之后，再归纳其历史如下："它在五十年前从云南和贵州开始，但是后来它最主要的位置是在湖南，正如现在一样……正如白莲教，哥老会是现在最危险的秘密会社。它的成员活跃地煽动无知的人尽量去攻击天主教的堂区。他们表示对国家忠诚。正如从来一样，他们由兵勇组成。他们跟随《三国演义》的刘、关、张结拜与对汉朝尽忠，但是在法律上它像白莲教，是被禁止的会社。他们是秘密的反叛者。"②《字林沪报》1892年发表了长文《论哥老会匪》，除了重复哥老会原来"自分支派，不相溷淆"外，加上"继遂蔓延各省，妄分五旗。籍两湖、江西者为白旗，籍两粤、闽浙者为黑旗，籍皖、吴、河南者为蓝旗，籍云贵、陕甘者为红旗，籍四川者为黄旗"。[3]此类报道，形似事实，实无所据。

光绪十七年（1891）年底发生了不寻常的梅森（Charles Melsh Mason）走私军火案，某种程度上成了促成哥老会形象具体化的契机。梅森，英国人，海关关员，于光绪十七年从香港走私 120 枝来复枪、127 枝手枪、221 把刺刀和 69000 枚子弹到汉口，九月该批军火在上海被海关截获。梅森被捕后，因为他是外国人，依条约安排，他在上海的英国领事法庭受审，只是轻判入狱九个月。梅森表示与会党有过接触，但是他没有供出他的同党，亦没有指明这些会党就是哥老会。只有另一名关员作证，说梅森曾邀请他参加哥老会。[4]

虽然如此，数月之后湖广总督张之洞却报告他找到了委派梅森偷运军火的会党。张之洞在同年十二月的奏折中称，收到六月的上谕后，两湖不遗余力追踪会党。

武昌县知县拏获高德华等人，并搜获头目名单。高德华供称："系武昌县人，向在扬州入会后，自开楚金山护国堂，供奉洪世武祖。光绪十五年五月，在上海会遇因案正法已革提督李世忠之子李洪，号雨生，说他是会中大哥，拟邀各路同会的人，与他父亲报仇。已托洋人在外洋购办军火器械，到齐即行约期起事……分为东西南北中五旗，濮云亭统东旗，刘高升统西旗，张庆庭统南旗，该匪统北旗，蒋云、许文魁统中旗，奉李洪为大元帅。旋因下游一带水陆各营甚多，碍难聚集，各头目互相知会七月十三、四、五、六等日，都到大冶县三夹地方，假名做盂兰会，再行商议。"该奏折详列多个会匪"龙头"，再总结，"查此次哥老会匪，勾通洋人，结连长江上下三千里匪党，购运军火，图为不轨，伙党极多，蓄谋至为深险"等。⑯张之洞的奏折成为哥老会历史最重要的根据，两江总督刘坤一也同意张之洞的见解。⑱诚如跟随孙中山先生鼓吹革命的日本人平山周宣统三年

（就是武昌起义后一个月）发表的《中国秘密社会史》所说，"哥老会，虽久有其名，惟至光绪十七年，弥逊（就是梅森）一案出后，始为世人所注目"㊲。

假如我们猜测张之洞会将各地口供串联起来，依照此法，我们也可以建构一个网络庞大的哥老会阴谋。刘铮云先生就曾小心翼翼地把光绪十七、十八年的案件连缀在一起，得出类似结论："我们没有看到李洪自己的人马，他只凭着一己之财，透过龙松年的双龙山及天官山，联系动员了湘、鄂、苏、皖沿江一带的山堂，参与起事，以报清廷杀父之仇。"㊳根据张之洞的调查，有没有李洪这个人实在不清楚，可以联系四省的会党为父报仇，也是个不可能发生的事情。不过刘铮云先生对这个论点的补充，更为切中哥老会历史在光绪十七年的转变。他极为敏锐的提出了两点观察，其一，"我们目前对于各山堂在当地的一般活动情形无所悉。不过，这些山堂却有一个共同的特征：他们的所在地大都位于沿江的重要城镇，不是沿江的重要通商口岸，就是水陆交通要地。"⑨其二，"就会党成员而言，彼此的互助是建立在个人的结拜关系上，而不是组织的联系上。了解这一点，我们就不难掌握李洪这个复仇同盟的性质了。很明显的，这些参与李洪联盟的山堂并未丧失原有的独立性。从整个起事计划人员的配置情形可以看出，李洪对参与计划的人员并无任何约束力量。"⑩

依照刘铮云先生的补充，与其说哥老会在光绪中期已经建立了可以动员的跨长江四省的网络，不如说清政府通过顺藤摸瓜式的调查又把焦点调转，回到了地方上的保护团体。这是曾国藩"不问其会不会"的态度的终结。地方上当然从来都有保护团体，甚至是武装保护团体。政府破获这些团体发现他们的用语有相似的地方（山堂、龙头等），有可能还存在一些地域上的长时期以来的习惯；当然，这也有可能是同治、光绪以来哥老会文献、政府文件、报纸报导的结果。徐安琨先生称这个过程为"帮派会党化，会党帮派化"⑩有其道理。会党化、帮派化有多少是用语的结合，有多少是商业发展引起的规模上的增长，有没有在组织上有分歧，却是没有解决的问题。

梅森案还有一个重要暗示，历史学者迄今为止似乎仍未特别留意，即是洋枪的出现对于地方保护团体的实力的影响。同治、光绪年间，在香港军火可以公开买卖，也可以出口。我们无法得知梅森试图把军火从香港运到汉口，是受人所托，还是到埠后另图出售。可以知道的是，在光绪后期，洋枪开始出现在清政府有关会党的报告中。⑪洋枪引入、地方保护团体崛起，以及对于哥老会形象的实体化的外来看法，在种种际遇的聚合之下，哥老会已经远远脱离了此前出自于湘军的背景。从光绪三十二年(1906)萍浏醴起义，我们可以更清楚地看到这几个因素的配合。

三、哥老会与萍浏醴起义

光绪二十四年(1898)戊戌变法的失败是清末哥老会的历史转折点。桑兵先生注意到孙中山光绪二十二年到二十三年在伦敦逃难的时候，已经留心利用会党进行革命。但是，实际上与湖南会党的接触是在戊戌变法失败之后。其时与湖南会党有交道的有识之士，如毕永年、唐才常，其立场曾摇摆于以康有为首的保皇与以孙中山为首的革命之间。光绪二十三年冬，毕永年带同平山周至湖南，会晤哥老会头目李云彪、杨鸿钧、张尧卿、李堃山等。光绪二十五年，毕永年和哥老会李云彪等七个头目至香港，与兴中会及三合会领袖组织兴汉会，推孙中山为首领。⑬平山周《中国秘密社会史》说："此即哥老会连络近世革命党之始。"⑭唐才常收到康有为三万元以作运动之资，"杨、李、辜、张诸人株守申江，浪（原文作'浪')用无度，闻才常方面富而多资，遂纷纷向才常报名领款，愿为勤王效力"⑮。

唐才常，湖南浏阳人，蔡少卿先生说："以唐才常为首的自立军领导骨干，原属维新派的左翼。他们是一批年青的知识分子，不少是湖南时务学堂的急进人物。"⑯其中，当然也包括同是浏阳人的谭嗣同。戊戌政变，六君子包括谭嗣同被慈禧太后为首的保守势力杀害，光绪皇帝被软禁，在危急中，唐才常发起自立会。光绪二十六年张之洞根据事发后的供词向朝廷奏报了自立会情形，"勾煽三江两湖等处哥老会匪，纠众谋逆，定期七月二十九日，武昌、汉口、汉阳三处同时起事。约定新堤、蒲圻之匪，速起大股前来接应，岳州、沙市之党遥为声援"⑰。这些言辞又是一篇张之洞集供词之大成论证会党网络的大作。当时的张之洞举足轻重，加之光绪二十六年正处于北京义和团与八国联军的战事之中，中英文报纸将此份论奏广为转载。十月九日《申报》

转载该奏折后，十月十五日的评论更夸大了论调，"自立会匪暗纠湘鄂诸桀黠，以上海为总粮台，订定武汉诸名区，同时起事，私立国号，指派各军跡，其声势之雄，且十百倍于洪杨诸流寇"⑧。将自立会比作太平天国时代的"流寇"是荒谬的比附。试想，当年在湖南巡抚陈宝箴保护下的改革志士根本没有预料到光绪二十四年戊戌政变的失败，又怎样可以在一两年之内动员长江流域的哥老会？事实与报纸猜想相去甚远。

唐才常之弟唐才中在光绪二十六年闰八月的供词说得颇为具体，曰：

> 胞兄唐才常于戊戌年九月到日本东京公馆，会着康、梁……回来之后，于年底又到香港，见着康有为，说自〔立〕会已有头绪，康有为为正会长，梁启超与胞兄为副会长……今年六月又倡立国会，正会长是容闳，副会长是严复……富有会即自立会，

所设与国会并而为一。又散票纠约哥老会匪，约定八月十五日各处一齐起事。胞兄才常是五省军总统，林圭为武昌中军总统，左军总统是陈说，办河南、襄樊一带的事。右军总统是陈涛溪，办岳州、新堤、沙市、长沙、常德一带的事。革生是右军帮统……⑭

可见从光绪二十四年(戊戌)到光绪二十六年，唐才常参与上海、中国香港、东京等地的会社活动，所谓联系哥老会主要是通过毕永年联到的几位人物。但是，以上海为首的会社模仿哥老会的形式来进行组织倒实有其事。自立会的哥老会模式包括两方面：一方面在名称架构上。虽然唐才中的口供没有提及，清政府搜寻到的若干文件内则有所罗列，比如"正龙头""副龙头""总堂""座堂""香长"等，这些称谓可以追溯到哥老会的用词。⑮另一方面就是引文所说的"散票"，即是发出会员证。与哥老会不一样，自立会发出的"票"叫"富贵票"，上印"凭票发足典钱一串文X"（"X"大概是空格，可以填上数目）。[51]有论者以为这句话的意思是参加"富贵会"者需要缴付面额的数目，但是这只是揣测，没有多少痕迹显示发出"富贵票"解决了自立军的军费问题。

唐才常的起义没有成功，除了在安徽大通镇会党集结占领盐局之外，清政府在义军尚未发难前就已经在汉口拘捕唐才常，审讯后就义。

哥老会是会党的一个通称，并没有任何统一组织，也没有实在的网络。参与兴汉会的哥老会成员是何许人，除了名字，没有任何资料记录，也没有理由相信他们有什么代表性。至多也只可以说兴汉会的成立包括了自认为是哥老会头目的人。根据孙中山的得力助手日本人宫崎滔天的报告，兴汉会的成立也不过如此。[52]但是唐才常的失败没有减少革命党对于哥老会的期望。在光绪三十二年发生的萍浏醴起义，长期以来被视为辛亥革命的前奏，牵涉两省三县的这件大事，就是这种期望的演绎。

直到走访了浏阳、醴陵与萍乡，我们才发现所谓波及三县实际上可能是发生在麻石村。从浏阳驱车一个多小时，才寻到这个至今仍算偏僻的小市场。麻石村并排两座庙，对面是戏台。庙所立之地属于江西，而数步之隔的戏台则属于湖南。庙没有碑记，只有一张残破的说明，贴在墙上，"1906 年春，同盟会会员刘道一、蔡绍南，受东京同盟总会派遣到湖南运动军队，重整会党，伺机发动武装起义。起义总部设在萍、浏、醴交界的麻石村龙王庙，由蔡绍南负责发动会党成员实施起义"。

两座庙中，一座是龙王庙，另一座是爆竹业师祖爷李畋的庙。每年都有庙会。龙王庙相信是本村的庙，而李畋的庙是属于地域性庙宇，尤其为附近造爆竹的乡村人士所信奉。湖南的浏阳、江西的萍乡，尤其是上栗市，都是爆竹的生产中心。^⑤所以，每逢诞期在这里会聚集很多人。此处的土地也呈犬牙交错状，分别属于湖南和江西两省。渌水河连贯上栗、麻石和醴陵县。所谓三县，就是这样一处各县交汇处的小地方，并非表示三县之内很多村镇都参与了起义。

在地理上，麻石还有一个很重要的特点。萍浏醴事件中，影响发展的关键因素，有部分是在萍乡。这个发生在偏远地方的事件，这个从一座小庙出发造成的骚乱，由于接近安源煤矿，忽然受到了中央政府和周边督抚的高度关注。现代化的安源煤矿创建于光绪二十四年（1898），是时盛宣怀已经接管了张之洞成立的汉阳铁厂和大冶铁矿，需要安源开采优质焦煤用于提炼大冶开采的铁砂。光绪二十四年至三十二年可以算是萍乡煤矿的创办期，但是已经对附近的地方社会产生深远的影响。其中在萍乡本身，开煤矿影响到地权的确定问题，与原来的土式煤矿也存在竞争。同时，为了运输，萍乡煤矿修建萍株铁路。光绪二十七年，铁路修到醴陵，光绪三十一年，修到株洲。铁路运输直接影响到原来渌水河的航运业。再者，萍乡煤矿的工人，大部分从湖南招聘；而安装机器，运作机器，则需要洋工程师。

这个偏僻之地的事件之所以会引起清政府的高度紧张还需要将其置于时代大背景之中。光绪三十二年，距离义和团运动，庚子事变（庚子就是光绪二十六年）仅六年，清政府处于内忧外患之中，一方面举办新政，另一方面对于外敌的侵略甚为焦虑。由此，萍乡附近发生的变乱，迅速牵扯到了清政府政治和经济的敏感神经。无怪乎一旦有事，盛宣怀即迅速反应，调动军队，甚至船舰，驰往萍乡周边。㉝

那么，萍浏醴起义又是如何与革命党建立关系？我们可以从前后两个片段窥见端倪。第一个片段，发生于光绪三十年。革命党人黄兴，通过他的同乡同为革命党人的刘揆一，与哥老会首领马福益接触，商讨起义。后一个片段就是光绪三十二年，从麻石村开始的这场变乱。两段历史的记录都掺杂着文献与口传的材料，我们需要小心梳理以分辨事实与谣传。

黄兴在日后成了革命党的领导人物，但是在光绪三十年，时年三十岁的黄兴，日本留学一年后，刚回到湖南。据为他写传的刘揆一说，在日本时期他就已心存联络哥老会的目标，而且，因为刘揆一与会党头目马福益已经建立了某些（但是并不清楚）的关系，通过刘揆一安排，黄、刘二人"乘雪夜行三十里，与（马福益）相见于茶园铺矿山上一岩洞中"。据刘揆一记录，他们讨论起义，"以武备各校学生联络新旧各军为主，洪会健儿副之，外分五路响应，洪会健儿充队伍，军学界人为指挥"⑤。为什么习惯武力的会党首领会愿意接受一些没有军事经验的年轻人的指挥，这是革命党的材料从来不讨论的问题。其中很关键的理由，是革命党可以提供洋枪。但是这次会议没有多少下文，因为还未等到起义，清政府于光绪三十年九月就已经探知了黄兴组织的同仇会在湖南的活动。光绪三十年底署湖南巡抚陆元鼎奏报，他在九月间"风闻有同仇会匪入湘放飘，潜图起事"；他捕获数人，供出"马福（原文作"幅"字）益领受华兴票，派充西路总办。并据供明该华兴票名同仇会，内有东、南、西、北、中五路总办、副总办等名目。马福益系五路总办。曾闻马福益言及，有人在外洋购办军火，欲运到湘，定期十月在省城起事"。这份报告可以与刘揆一的记录进行比较。刘揆一称筹得两万三千余元购买军火，为起事作准备，"时当八月，浏阳普集市例开牛马交易大会，公（黄兴）命揆一与陈天华、徐佛苏、陈福田等军学界人，密会马福益于该地，授予少将仪式，并给长枪二十挺，手枪四十支，马四十匹，…… 一俟大批军械运到，如期举义"。事发后，黄兴与刘揆一逃脱，也通知了马福益。马福益虽然在当时逃脱，但是几个月后，还是被捕，就地正法。

饶怀民先生介绍革命党与湖南会党在马福益死后的

联系时，注意到刘揆一的弟弟刘道一与萍乡上栗市人蔡昭南从日本回到湖南，参与会党的数次会议。其中饶先生特别注重光绪三十二年夏（月份不详）"伪称为友人作冥寿"的"萍乡蕉园会议"。是时，蔡昭南已经回到上栗，与当地人魏宗铨开设"全胜纸笔店"，秘密鼓吹革命。同时，在日本，刘揆一也参与了孙中山领导的同盟会的成立。所以饶先生认为革命党与稍后发生的萍浏醴起义关系非常密切。

虽然革命党通过刘道一与马福益的余党保持了关系，实际上革命党是否可以控制局面，还是一个疑问。有关蕉园会议，饶先生主要是应用邹鲁1929年出版的《中国国民党党史稿》中魏宗铨传记以及事发多年后的回忆与传闻。所以他认为这次会议不只成立了"六龙山号洪江会"，还在组织上做了"内八堂""外八堂"之分别。"内八堂"包括文案、钱库、总管等职位，分工之详细可能只是代表洪江会的设计。"外八堂"是"一、二、三、

四、五、六、七、八路码头官"。饶先生很详细地考证了当时洪江会的"码头官",发现"醴陵县属有三个码头官,分东、西、北三路,东路以官寮为中心,由李金奇担任码头官;西路以神福港为中心,有李香阁担任码头官;北路以官庄为中心,由谭石基担任码头官";同时,浏阳的码头官有曾广皇(澄潭江地区码头官)、陈昭庄(南乡地区码头官);萍乡则有李明生、崔树都(桐木市码头官)、王蔼亭(上栗市码头官),一共八人。正如饶先生所注意到的,某某地方"码头官"的名词,出现在多处资料中,所以饶先生比较认可邹鲁的叙述。⑱

对于魏宗铨等人"为友人作冥寿"举行了集会的说法,看来是比较合理的;这位"友人",推想就是马福益,因为集会时间距离他的死亡大约一年。我们也可以推想,马福益死后,对于继任者也需要某种安排。只是,根据随即发生的萍浏醴起义的记录,还是很容易引致对于会党的统一性的怀疑。即使"码头官"也不一定是会党独有的名词。从萍乡到浏阳的渌水河，由栗水与潭水汇合而成。桐木、上栗、麻石村在栗水上，澄潭江在潭水上。神福港在下游，地处醴陵与株洲之间。所以，这些"码头官"所驻扎的地点，就是这条河的主要市镇。这些地方是有很多"码头"的。码头各有统属，也因为是商业必经之路，当然控制码头的帮派有若干跨境的网络。⑨但是把持地方资源的帮派，非一个统一体制，而是重重竞争各自为政的单位。"码头官"大概是这些政府控制疲软的环境下的某些地方团体。哥老会的表现也只是复杂的权力与经济关系的其中一个部分。

　　细细推敲萍浏醴的起义过程，则很能显示出这些会党其实没有多少先设的从属关系。萍浏醴起义爆发在光绪三十二年农历十月二十一日。两江总督端方与江西巡抚瑞良在事发几个月后写有"会奏萍乡乱匪肃清折"，将萍浏醴之事的起源归因于他在湖南巡抚任上处理的马福益案。据此奏折，早在光绪三十一年十二月，"马福益死党"李经其(亦称李金奇)等"匪首"遇到"游学日本暑假回籍之蔡绍南",蔡间以革命演说,李经其等遂"假以为名,自称为革命军,原约上年十二月间起事。军分三股,一踞浏阳,以进窥长沙;一踞萍乡之安源矿路,以为根据之地;一由万载东窜瑞州、南昌诸郡,援应长江。以军械无多,未敢遽发,事为浏阳知县所闻,会营追捕,李经其落水溺死"。⑩

这段凿凿有据的报告最重要的一句是"未敢遽发,事为浏阳知县所闻"。也就是说,尚未起义,官兵已经得到情报。光绪三十二年本就笼罩在紧张的气氛之中。当年闰四月长沙学生公葬自杀而死的陈天华。夏天浏阳会党举行"冥寿"集会。根据邹永成多年后的回忆录里转引的"在场参加的同志"的《记录》,当年六月"各路首领开秘密会议于大岭下弹子坑慧历寺",决定了筹款购买军火和派人"往日本谒孙(中山)、黄(兴)报告组织经过,要求接济新式军械"。但是准备起义的消息没有保密,

《记录》说："人数众多，势难秘密，谣言蜂起，各地三五成群，皆言杀鞑子'铲富填贫'等语。地方士绅恐受连累，乃呈请官厅剿办。"[51]

正是在这个紧张的时候，麻石村在中秋节前后演剧。据《记录》称："麻石戏场三处，每日聚众数千，谣言更盛，甚至有洪江会即日起事之说。三县官绅乃密谋联合于八月二十日派城防勇突至麻石，会捕会党。党人猝未及防，遂不战而散，第三路码头官李金奇死之。"这句话的记录与两江总督、江西巡抚的会奏都颇吻合。但是邹永成引述的参与者的这份《记录》显示，危机并没有因为八月的镇压而平定下去。它说："九月重阳节会党又借各校放假机会，在上栗市栗江书院开革命烈士李金奇追悼大会，自是，清吏更加注意，常遣军队赴各乡缉拿会党头目。"[52]

从重阳节到十月二十一日的一个半月，情形日趋紧张，官府继续拘捕会党。但是起义的爆发或者还是有其突发的因素，因为不仅官府未曾预料，即使是与革命党有关联的两位人物，魏宗铨和蔡昭南，原来也打算启程赴日本，"正拟启行，忽接龚春台急信促回"⑱。至事发前两天，龚、魏、蔡等还认为军械不足，应该等待，但是其他人已经集合于麻石。

十月二十一日麻石村所发生的事件，在官方记录中，有如下记载。如，两江总督与江西巡抚的会奏，描述曰："（光绪三十二年十月二十一日）有匪三千余人，聚上栗市，该处防营以半营抵御，毙匪二名，众寡不敌，兵力少挫。"⑲奏折可能引用了江西巡抚吴重熹十月二十五日的奏折，其中引述了萍乡知县二十一日的电禀："与醴陵、浏阳交界之麻石、高家台地方，初闻有窜匪千余聚集，抢劫四家。继得探报，匪势甚炽，边境上栗市亦被抢劫。该处防营半哨向御，毙匪两名，而众寡不敌。该匪约三千余人，皆用白布裹头，白衣白旗，旗上书革命军字样。百姓纷纷逃走。防营须保安源，不敷分遣。续探匪势注意安源，而浏阳之南，醴、萍之西北各处，皆云集回应，情急万分。已与绅办团防守，请速派省军前往。"⑤

醴陵知县汪文溥留下了日记。十月二十一日，他的日记记载："同时，萍乡警报：萍匪已于醴、浏、萍三交界之麻石及萍之上栗市起事。上栗防营二十人掳于匪，枪械悉为匪有。上栗市在醴陵城正东，安源在醴城东南，此三处相距各九十里为三角形。于是谣传浏阳、万载已失守，浏、万匪亦以今夜会醴城下。"⑥据邹永成回忆，"在场参加的同志"则说，二十日，集合麻石之众（就是我们去过的麻石村），头缠白布，手持各种武器及赤手空拳者二万余人，向上栗市进发。前列大号筒数对，大旗二面，上书"大汉"二字；小旗百余面，上书"官逼民反""灭满兴汉"等字。上栗市安乐司原有驻防兵二十名，闻风远遁。⑦可见，十月二十一日起事时，地方驻防的兵力很单薄。但是，新建的铁路对于军队运输有实在的帮助，数日之内，各路军队陆续到达，十月二十五，汪文溥记录军队决定围剿"醴、浏、萍三县分辖"的麻石，并决定从何处进军，即"匪总头目龚春台即谢再兴根据地"——上栗市。^⑧二十六日，起义军已经败退，官府军队还在陆续抵达，实行镇压。

从两江总督与江西巡抚的会奏，可以看到政府方面为了平乱，在几天之内动用了数千军队。在当时的情况下，即使是对付会党，动用这么庞大数目的军队也是罕见的。其中一个理由是地方督抚很重视这次事件，因为从一开始，已经有报告提及萍乡的矿工会参与。会奏对当时民众的反应有所描述："该匪初起，势甚猖獗，所到之处，胁民为匪，云集响应。未至之处，谣言四布，人心惶惶。尤虑勾引安源矿工，联络声势。"^⑨若再翻阅汪文溥日记，早在九月，他已经存有安源工人会被"游匪"煽动的隐忧。至十月十四日，有文姓绅士向汪告密，"确有乱党谋叛，大股在西北乡一带，合安源一股定于十五日夜扑醴陵"。⑦十月十九日，据某犯人口供，汪文溥写下"大头目在萍乡安顿"⑦。二十日，他锁定头目的名字："湘潭人肖克昌为各匪会总理，匪中呼之为老龙王，久居安源，能左右窿工（即矿工）。若肖一动，足覆安源防营，掳快枪驰下，则醴陵立糜烂。防安源者，防肖克昌而已。"⑦对于安源的安危，盛宣怀极为忧心。他在十月二十二日打电报给两江总督端方、湖广总督张之洞、湖南巡抚岑春煊和江西巡抚吴重熹，曰："匪起仓卒，尤恐地方痞棍合串与路矿洋员为难，酿成巨案。"他要求江西巡抚、湖南巡抚尽快派军队进驻萍乡，"严拿为首，以散胁从"。⑦在同日，他又去电张之洞、吴重熹、江西布政司沈瑜庆、岑春煊，以"匪聚众数千人，夺据萍境上栗市，尽用白旗，书革命军，距萍矿甚近"为理由，请他们速派军队。电文还说，"现在萍紧于醴，江西调兵不及"，他已经把在矿场任职的洋人"男女二十一名"，护送到长沙。⑦

盛宣怀不只直接向督抚要求，在十月二十四日，电奏军机处。他说："查铁道官本三百余万，煤矿、机厂商本及华、洋各债五百余万。"又："此次会匪难保不照高碑店故事，先毁铁路，兼及矿厂。"⑩高碑店是卢汉铁路在直隶省保定府的一个车站，在光绪二十六年（1900）被义和团毁坏。这句话道出了朝野官员对于萍乡事起最根本的担心。盛宣怀请求军机处电催张之洞派兵，张之洞也同日电军机处与盛宣怀，他已经做了派兵的安排。有谓萍浏醴起义，安源矿工六千人参与，经代鲁诸位先生考证，已经很清楚知道此为不实。⑯

　　还有一种理由增加了萍浏醴起义的重要性，就是报纸的宣传。但是直至清末，报纸本身没有多少记者，尤其是离开了驻地所在的沿海大城市，新闻来源依赖于当事人的报道，政府的官方文件，或者法庭的审判。当然还有报纸之间互相转引发表。⑰萍浏醴起义发生之处，上海的新闻来源主要是从安源煤矿撤退的德国工程师。消息由湘潭发电报到上海《德文新报》，过了四天在农历十月二十五开始发出。《申报》十月二十六日归纳西文报纸的报道，发表了一段气氛紧张的叙述，曰："二十二日湘潭电，云：萍乡、醴陵两县左近有乱。寓居其处之西人，皆已避地他往，传称有华人四千名向萍乡前进。德文报云：江西省南境与湖南省接界处。大腿〔原文〕会匪徒作乱，所持旗帜，上书革命军字样。萍乡矿山聘用之德国矿师及旅居该处之西人，已由官兵护送前往长沙，江西抚台已派兵由南昌开往萍乡矣。以上译字林报。"⑱报纸所得到的资料有限，报道的笔调倾向于危言耸听。香港《华字日报》十月二十五日报："传闻江西萍乡匪乱，旗号有革命字样，驻赣道已调军往剿。"⑲又十月二十七日："萍乡乱党自败官军后，声势越盛，现已分道直趋湖南，乱势蔓延至浏阳县及醴陵县一带。全湘震动，长沙省城戒严。"⑳英文的《北华捷报》加插了对于枪械的关注："有算大概四千人参与（起义），大概一半拿住后膛来福枪。"㉒二十六日的《申报》还有萍乡矿工参与的报道："叛匪在安乐（地名）与官兵接仗，官兵败绩。萍乡矿工已与叛匪结合，萍乡县城现颇岌岌可危。萍乡煤矿主盛宫保，已请鄂督张宫保调派陆军一队开往，以保危城。以上译文汇报。"㉓

待消息陆续传到，包括主要的政府官员的通信和奏报，报纸的报道也逐渐平静下来。上海的《时报》在十一月初九（起义十天后）澄清："前此谣传醴陵失陷，萍矿被占，及匪党二万纠合矿工窜往长沙、江西袁州府属各县戒严等情，半属不确。闻前项消息实系官军为邀赏地步，故意张大其词电禀，吴仲帅遂向江鄂两督告急入奏，奉旨派兵会剿云。"㉔澄清归澄清，但是萍浏醴起义蔓延三省的印象已经发酵，成为先入为主的事实。平山周在武昌起义前后发表的《中国秘密社会史》有关萍浏醴起义的叙述，说："光绪三十二年，江西萍乡矿夫肇事，矿夫多属哥老会，洪江会。于是马福益部下之旧头目乘机革命，率矿夫起事，由萍乡进攻湖南之醴陵及浏阳，陷之，将长驱进攻长沙，人心所在，骚动将成。"㊹这段描述，接近报纸的早期报道。

四、小结

哥老会并不是天地会。它既没有传播天地会的起源故事，也没有把拜会放到核心的地位。把哥老会等同于天地会的说法，发生在萍浏醴起义的时代。哥老会当时已经被报纸公认它是革命党争取的民众支柱。在这个过程中，陶成章可能产生了很大的作用。陶成章活跃于革命党。光绪三十四年，在缅甸仰光任《光华日报》主笔，发表了《中国教会源流考》。他认为中国有两个"大秘密团体"：一个是白莲教，另一个是天地会。他把种种清朝列入违法的"教"和"会"归纳到这两个系统。所以，"所谓闻香教，八卦教，一名天理教，神拳教，在礼教等，以及种种之诸教，要皆为白莲之分系。凡所谓三合会，三点会，哥老会等，以及种种之诸会，亦无一非天地会之支派"。他提出这个分类系统的时候，并没有提供多少实在理由。主要是他认为"南方之人智而巧，少迷信而多政治思想。北方之人直而愚，尚武力而多神权迷信。何以知之？曰：凡山东、山西、河南一带，无不尊信封神之传，凡江浙闽广一带，无不崇拜水浒之书。故白莲之教盛于北，而洪门之会遍于南"⑧。以今天历史学者的眼光，这种南北分类形同无稽之谈，但是时人，尤其是报纸，颇能接受这种南北分类。

若用天地会的眼光来打量哥老会，所谓"开山堂"有些类似于天地会拜会的入会仪式。值得注意的是，到光绪末年，从来没有任何资料描述开山堂的仪式，政府文件用的名词是"放票"。从文件的描述看，这些"票"是介乎传单与会员证之间的凭据。平山周在他的《中国秘密社会史》把部分天地会的仪式与标志也归纳到哥老会，使得哥老会的开山堂也有类似天地会拜会的仪式。

田海先生考证平山周《中国秘密社会史》的内容。他认为，有关天地会的部分，该书摘录于英国人史单顿1900年出版的《三合会，或称天地会》；有关哥老会的部分，则取材与日人山口昇宣统二年（1910）完成的《中国的形势及秘密结社》报告。⑯山口昇为日本外交部收集情报，他的报告有相当部分讨论哥老会。他写报告的时候，很有点失意。哥老会经历了湘军解散，冲击洋教，而后萍浏醴起义，皆以失败告终。他分析个中缘由，说：

> 哥老会……这些山堂，在中国十八省中有上百个，其组织虽略相同，然各地的头目互相独立，更无联络运动，又无总括之大本部。近时革命党投入其中，全国各山始谋统一，但毫无把握。⑰

平山周接受了山口昇这段话，以及关于哥老会山堂的组织、仪式与规矩的大量篇幅。他加上了如下文字：

> 以上为哥老会之历史。三合会化为革命党，哥老会亦复为革命党，于是全国各省之诸会党，悉统一而为革命党焉。⑧

陶成章、山口昇、平山周都知道，"哥老会"只是地方上的会党的通称。只有在革命传统之下，它们表达的反清情绪才可以达成一种统属。

注　释

①　《湖北遵旨复奏严密擒拿四川啯噜事》(乾隆四十六年七月初八日)，见《清廷查办秘密社会案》第9册，1140~1141页。

②　曾国藩：《曾国藩全集·奏稿(一)》，44页，长沙，岳麓书社，1994。

③　曾国藩：《曾国藩全集·诗文》，466页。

④　罗尔纲：《湘军新志》，见《国立中央研究院社会科学研究所丛刊第十二种》，146页，长沙，商务印书馆，1939。

⑤ 曾国藩：《曾国藩全集·日记(二)》，1133 页。

⑥ 曾国藩：《曾国藩全集·日记(二)》，1133 页。

⑦ 曾国藩：《曾国藩全集·日记(二)》，1136 页。

⑧ 曾国藩：《曾国藩全集·日记(二)》，1150 页。

⑨ 曾国藩：《曾国藩全集·书信(七)》，5022 页。

⑩ 曾国藩：《曾国藩全集·书信(七)》，5070 页。

⑪ 曾国藩：《曾国藩全集·书信(七)》，5101 页。

⑫ 曾国藩：《曾国藩全集·批牍》，366 页。

⑬ 曾国藩：《曾国藩全集·奏稿(八)》，452～454 页。

⑭ 曾国藩：《曾国藩全集·批牍》，367 页。

⑮ 《安徽徽州休宁闹饷已入哥老会之勇丁已照军法严办营官讯明定拟》(同治四年十一月二十七日)，见《清廷查办秘密社会案》第 37 册，11149 页。

⑯ 《安徽徽州休宁闹饷已入哥老会之勇丁已照军法严办营官讯明定拟》，11149 页。

⑰ 曾国藩：《曾国藩全集·书信(七)》，5402 页。

⑱ 《湖南访获哥老会等会党在勇丁中活动情形》(同治五年六月十八日)，见《清廷查办秘密社会案》第 37 册，11155～11156 页。

⑲ 《福建哥老会在汀州镇撤遣回籍鄂军中活动情形》(同治五年五月初八日)，见《清廷查办秘密社会案》第 37 册，11153～11154 页。

⑳ 《陕西军中营官传习哥老会讯明正法》(同治七年)，见《清廷查办秘密社会案》第 37 册，11167～11168 页。

㉑ 曾国藩：《曾国藩全集·书信(九)》，6251 页。

㉒ 刘昆：《刘中丞(韫斋)奏稿》卷 6，见沈云龙主编：《近代中国史料丛刊》第 11 辑，826 页。

㉓ 刘昆：《刘中丞(韫斋)奏稿》卷 6，854 页。

㉔ 曾国藩：《曾国藩全集·书信(九)》，6334～6335 页。

㉕ 曾国藩：《曾国藩全集·书信(九)》，6461 页。

㉖ 吴善中:《晚清哥老会研究》，92页，长春，吉林人民出版社，2003。

㉗ 王闿运:《湘军水陆战纪》(即湘军志)卷1《湖南防守篇》，见《近代中国史料丛刊》第22辑，27页。参看湖南布政司李榕:"致梅煦庵大令，顷见贵处上首府一禀，言哥老会又将煽动，求其佐证，则有人告发裁缝陈之鳌为哥匪，分造白衣袴数十件。此甚可笑。造反者须一色衣袴耶？另禀，密拏之李光炯乃李光燨胞弟，现在西路一小统领，其弟来省请饷，谓之匪首，此何所依据也？"(蒋德钧辑:《李申夫(榕)先生全集》卷4《书札》，见沈云龙主编:《近代中国史料丛刊》第58辑，222页。)

㉘ 郭钦:《良史乎，谤史乎？——关于王闿运〈湘军志〉百年纷争的评议》，181～186页，载《湖南社会科学》，2009(6)。

㉙ 天下第一伤心人:《辟邪纪实》附录，13a～15b页，同治十年重刻本。

㉚ 中国第一历史档案馆编:《光绪朝上谕档》第17册，113页，桂林，广西师范大学出版社，1996。

㉛ 《查拿会匪事》，载《申报》，1891年6月10日，第2版；《皖抚示谕》，载《申报》，1891年8月21日，第2版；《光绪十八年九月二十六日京报全录》，载《申报》，1892年11月22日，第12版。

㉜ *North China Herald*，1891年6月26日，789页。

㉝ 《论哥老会匪》，载《字林沪报》，1892年11月13日，第2版。

㉞ Alan R. Sweeten, "The Mason gunrunning case and the 1891 Yangtze Valley anti-missionary disturbances: a diplomatic link," 载《"中央研究院"近代史研究所集刊》第四期下，1974，pp.843-880；吴善中:《晚清哥老会研究》，189～205页。

㉟ 苑书义、孙华锋、李秉新主编:《张之洞全集》第2册，809～815页，石家庄，河北人民出版社，1998。

㊱ 刘坤一:《刘忠诚公奏疏》(1909)，见《清代诗文集汇编》卷19，66a～68b页，上海，上海古籍出版社，2010。

㊲ 平山周：《中国秘密社会史》，76页，上海，商务印书馆，1927 (1912 初版)。有关平山周书原版，见 Barend J. Ter Haar, "The gathering of brothers and elders (Ko-lo hui), a new view," in Leonard Blusse, Harriet T. Zurndorfer eds., *Conflict and Accomodation in Ealy Modern East Asia*, *Essays in Honour of Erik Zurcher*, Leiden: E. J. Brill, 1993, p. 260.

㊳ 刘铮云：《哥老会的人际网路——光绪十七年李洪案例的个案研究》，《"中央研究院"历史语言研究所集刊》，55页，第62本第1分，1993。

㊴ 刘铮云：《哥老会的人际网路》，56页。

㊵ 刘铮云：《哥老会的人际网路》，58页。

㊶ 徐安琨：《清季长江下游的帮、会与盐枭》，117页，载《人文社会科学研究》，2009(1)。

㊷ 《云南平彝南宁等县拿获哥老会会首曹春法等并讯明正法》(光绪十八年十月二十七日)、《广西永安州哥老会会首蒋德标等开堂聚众谋反被拿获并审明处决》(光绪十九年十二月十三日)、《皖浙交界之太山地方哥老会起事图攻县城擒获首要多名讯明惩办》，见《清廷查办秘密社会案》第37册，11264～11265、11277、11299页。

㊸ 桑兵：《庚子勤王与晚清政局》，155～181页，北京，北京大学出版社，2004。

㊹ 平山周：《中国秘密社会史》，78页。

㊺ 冯自由：《毕永年削发记》，见杜迈之、刘泱泱、李龙如辑：《自立会史料集》，227～228页，长沙，岳麓书社，1983(以下简称《自立会史料集》)。

㊻ 蔡少卿：《论自立军起义与会党的关系》，138页，载《近代史研究》，1984(5)。

㊼ 《自立会史料集》，140页，长沙，岳麓书社，1983。

㊽ 《书本月十六日申报所登摘叙自立会匪逆乱确据后》，载《申报》，1900年10月15日，第1版。10月9日报告见《摘叙自立会匪逆乱确据示》，载《申报》，1900年10月9日，第1—2版。

㊾ 《自立会史料集》，148页。

㊿ 《岳州镇呈报匪情咨》，见《自立会史料集》，128～132页；张柏桢（篁溪）收藏"通缉富有票各逸匪住姓名单"，见《自立会史料集》，185～197页；嘉弘：《自立会唐才常等与会党的关系》，70页，载《历史研究》，1956（8）。

51 《自立会史料集》，198页。

52 宫崎滔天著，佚名初译，林启彦改译：《三十三年之梦》，170页，广州，花城出版社，1981。

53 张人价编：《湖南之鞭炮》，64～67页，长沙，湖南省经济调查所，1935。

54 有关萍乡煤矿，参看全汉升：《汉冶萍公司史略》，78～90页，香港，香港中文大学出版社，1972。

55 刘揆一述：《黄兴传记》，6页，无出版地点，1929。

56 萍乡市政协、浏阳县政协、醴陵市政协合编：《萍、浏、醴起义资料汇编》（以下简称《萍、浏、醴起义资料汇编》），95页，长沙，湖南人民出版社，1986。

57 刘揆一述：《黄兴传记》，8页。

58 饶怀民：《同盟会与萍浏醴起义》，43～52页，长沙，岳麓书社，1994。邹鲁：《魏宗铨传》，见《萍、浏、醴起义资料汇编》，245～251页。

59 《湘潭县志·建制》卷2《石路码头表》，13a～b页，光绪十五年刊本。

60 《两江总督端江西巡抚瑞会奏萍乡乱匪肃清折》，载《东方杂志》第四卷第7期，66页，1907。

61 邹永成：《萍浏醴起义的真相》，见《萍、浏、醴起义资料汇编》，61～62页。

62 邹永成：《萍浏醴起义的真相》，见《萍、浏、醴起义资料汇编》，62页。

63 邹永成：《萍浏醴起义的真相》，见《萍、浏、醴起义资料汇编》，61页。

(64) 《两江总督端江西巡抚瑞会奏萍乡乱匪肃清折》，67 页。

(65) 《萍、浏、醴起义资料汇编》，102 页。

(66) 《萍、浏、醴起义资料汇编》，330 页。

(67) 邹永成：《萍浏醴起义的真相》，见《萍、浏、醴起义资料汇编》，63 页。

(68) 《萍、浏、醴起义资料汇编》，330 页。

(69) 《两江总督端江西巡抚瑞会奏萍乡乱匪肃清折》，67 页。

(70) 《萍、浏、醴起义资料汇编》，328 页。

(71) 《萍、浏、醴起义资料汇编》，329 页。

(72) 《萍、浏、醴起义资料汇编》，329 页。

(73) 盛宣怀：《愚斋存稿》卷 69《电报》49，见《近代中国史料丛刊续辑》第 13 辑，1504 页。

(74) 盛宣怀：《愚斋存稿》卷 69《电报》49，1504 页。

(75) 《萍、浏、醴起义资料汇编》，101 页。

(76) 代鲁：《安源矿工参加萍浏醴起义史料考辨》，载《江汉学报》，38～40 页，1962(7)；杨宇清：《关于安源六千矿工参加 1906 年萍浏醴起义问题质疑》，载《河南大学学报》，114～115 页，1987(4)。

(77) 上海图书馆藏：《盛宣怀档案》SD038435，1906 年 12 月 16 日《湖南江西电讯送时报钹新闻报留稿》记录了萍乡煤矿十月二十三到十月三十送交报馆的电讯。

(78) 《西报记萍醴乱事》，载《申报》，1906 年 12 月 11 日，第 3 版。

(79) 《华字日报》，1906 年 12 月 10 日，第 4 版。

(80) 《华字日报》，1906 年 12 月 12 日，第 4 版。

(81) *North China Herald*，1906 年 12 月 14 日，603 页，参注㉜。

(82) 《西报记萍醴乱事》，载《申报》，1906 年 12 月 11 日，第 3 版。

(83) 《萍乡乱事汇记》，载《时报》，1906 年 12 月 24 日，第 3 版。

(84) 平山周：《中国秘密社会史》，79 页。

(85) 陶成章：《教会源流考》，1 页，广州，国立中山大学语言历史学研究所，1928。

⑧⑥ Ter Haar, "The gathering of brothers and elders (Ko-lo hui), a new view," in William Stanton, *The Triad Society*, *or Heaven and Earth Association*, Hong Kong: Kelley and Walsh, 1900, pp. 260-264；山口昇著，赵金钰译：《中国的形势及秘密会社》，见中国社会科学院近代史研究所近代史资料编辑部编：《近代史资料（总 75 号）》，220～272 页，北京，中国社会科学出版社，1989。

⑧⑦ 山口昇著，赵金钰译：《中国的形势及秘密会社》，254 页。

⑧⑧ 平山周：《中国秘密社会史》，80 页。

结语：
回到我们的秘密

回到我们的秘密，您可还记得社会学大师齐美尔关于秘密的理论？社群包括多少人，这回事对他那么重要，他大概不会忽略越多人知道秘密，秘密就越难以保密的简单事实。他说："秘密之不可以永远保存是秘密会社的弱点。"① 所以他认为秘密只是社团演变的一个过渡阶段。与外界对立的社团需要保密，但是到它强大之后，不是秘密，而是它的实力维持社团的延续。他也多次讨论过欧洲享有盛名的秘密会社"共济会"（Freemasons）。共济会在欧洲很多地方有分会所，但是没有统一的领导，也没有实体的力量，只是很多人还是相信它保存了秘密和富有神秘感的仪式。齐美尔也注意到很多秘密会社都夸耀它们的礼仪。我们会考虑社团的大或小，参与人数的多与寡，同时也不难想到社团活动的范围是归于一处还是跨越地域。每一次天地会的拜会都有秘密的成分，归纳在"哥老会"这个通称之下的会党大概也都标榜成员之间的"义气"。在这本书中，我们没有怀疑地方上存在着不同秘密程度的团体，我们也没有怀疑在嘉道以后，反清的情绪可能相当普遍，但是我们对以下论点持有保留，即不论在清朝弱势已现的嘉道年间，还是在清朝落幕的光宣时代，天地会和哥老会形成了跨地域、跨省份的庞大网络。细读齐美尔可知，秘密会社扩张会引致分裂的矛盾。秘密如果不层次化，即某些秘密可以让所有参与者知道，但是又有某些秘密只可以让层次更高的参与者知道，秘密就不能维持。秘密如果层次化，会社又不能维持"兄弟"的平等，于是不可避免地往势力团体的趋势发展。

一、跨地域的秘密

明清社会的跨地域网络不多。比较明显的当然是明、清政府的行政机构，科举与教育体系的联盟，某几种宗教上的师徒关系，贸易产生的往来，包括会馆、行帮、甚至走私的网络，以及常见于族谱的移民传说与祖先追溯。其中，部分跨地域的网络有统属的层次。清政府的漕运管理就是一个很好的例子。每岁漕运，朝廷委派的漕运总督统筹督办，通过粮船的帮派，管理大运河的各处闸口，维持秩序的官兵，把漕粮从江南运往直隶省。但是，漕粮运输的成功，也不是一纸命令可以控制，而是通过长时间演变的财政规矩和各层次的利害关系(例如粮船除了运粮还可以私带货物)，才得以维持。即使如此，漕运的成功，不是百分之百，漕粮运输过程中，质量、数量、克扣、重征种种问题常会发生。归根到底，漕粮对清政府实在是至关重要，值得花费巨额时间与人力物力维持。

传统社会中没有多少个如漕粮管理这样要求严格的网络。筹办科举、吏部对官员的调派和考成、户部征税，等等，政府的核心制度大略尚可类比。政府制度之外，贸易和服务（包括宗教服务）的跨地域网络，则是通过市场调节。网络上的单位，不是一定没有统属的关系，但是，维持统属关系需要依赖资讯流通，需要地方上拥有委派或罢免的实际权力，只有极少数的机构可以达到。山西票号就是成功的例子，究其原因，一方面在于它们有一套实用的会计核算制度，另一方面它们依靠家庭与同乡的网络。如此，才可以做到在山西老家每年统一核算各地分店的账目。传统时代的行业也大概只有银行业需要这种核心业务，普通的商业虽然也有分店，也有联号的合作，但是规模比之于山西票号则相形见绌。

宗族、会馆、行帮的网络，既没有统属的架构，也没有市场的调节，网络运行的印象主要来自认同。江西商人在省外贸易，在所属地习惯成立拜祭许真君的万寿宫。每处万寿宫的功能大同小异，是客商在外来往之地。通过万寿宫的管理，客商形成一种团结面对地方势力的力量，同省的商人与官员透过在万寿宫的活动，也可以与科举事业建立关系。但是，每一处的万寿宫，大多只是地方上的独立运作，万寿宫与万寿宫之间没有统属关系。至于宗族，若仅聚焦族谱，在书面上每一处的宗族都可以连到一个庞大网络（网络有多大，取决于找到的祖先有多早）。但是，若合上族谱，祠堂与祠堂之间，同姓村落与同姓村落之间，往往没有多少，甚至完全没有日常往来。在一个单姓村落，同宗的关系可以有多种经济影响，但是，地域范围越大，这些经济影响力也越弱。例如在广州等大城市建立的"合族祠"，可以算作是全省同姓祭祖的核心，但是合族祠给予族人的利益，除了利用场地之外，没有太多。另外一种网络来自庙宇。庙宇有长期供奉的信徒，有定期的拜祭活动（有学者将信徒来源的地域范围称之为"祭祀圈"）。为什么要去拜祭？因为拜祭者相信他们/她们受到了神的保护。宗教核心（"圣地"）的范围同样可大可小。山西五台山的范围涵括整个华北，乡村中土地神的范围可能只是附近的几户家人。

认同需要根据：认同什么？历史学者比较注重网络的发展，而忽略认同架构的互相借用。从出生到成长，大多数的人（不是所有人）都有"家"。"家"的关系可以延伸，"宗族"是它的想象架构。在宗教上，地方上有神祇，神祇之间的关系是种"帝国的隐喻"，即是说，玉皇大帝在上，我们村庙的神明可以算作它的官僚。这是道士们把政府的官僚架构引用到宗教的礼仪中，再通过故事的演绎，把它放进普罗大众的日常想象。历史学者之中，只有研究宋朝社会的韩明士（Robert Hymes）先生问为什么道士们会这样做？更具体地，他问了一个历史性的问题，为什么道士们施行这一套秩序是从宋朝开始？他的答案比较复杂，但是很有意思。用一句话说来归纳，韩明士先生认为这是道士们需要面对市场竞争的结果。道士与谁竞争？村巫。村巫通过神灵附体可以让拜祭者直接与神灵沟通，道士不是做这一套。道士通过高一层的权威，凌驾于地方神祇之上。韩明士先生说："这就是说，在逻辑上，要描绘一幅多层权威的结构图，至少有两个不同层面的媒介（地方神祇与道士），整个结构至少有四层：最高权威、道士、地方神祇、俗人。这个多层媒介结构还是需要用某些办法表达。所以，我最后要说，以宋以前中国文化的承传，假如有人试图想象把跨地区的中介网拼入到一个多层上升的权威结构，〔这个人会发现〕现成随手可得的模式就是官僚国家。"[②]韩明士先生的论点对我们有所启发，他显示了怎样超越单纯以"帝国的隐喻"来描述地方宗教的信仰体系。我们从来都知道"帝国的隐喻"就是借用官僚体系来描述神灵的关系。韩明士先生提出了在历史上具体地普及这个概念的时间与理由。

韩明士先生对于"帝国的隐喻"的猜测,我们相信还是有商榷的余地,但这不是本书需要处理的范围。我们在方法上受到这个论点的启发。就是说,人们用来解析事物的思想架构,是可以从一种事物转移到另一种事物的。比如,普及小说中的肉麻语句"爱情的投资"就是例子。但是,要明白这些概念上的转移,历史学者需要把它带回当初出现的场景。赵世瑜先生最近引用的"历史折叠"概念对于我们这种研究兴趣有所帮助。在讨论不同地方对社神的拜祭时,赵世瑜先生发现在珠江三角洲的社神类型比华北和华东都要多。他认为其理由是因为珠江三角洲的发展开始的时间迟,但是发展的节奏快,所以在这里有些地方,"折叠"了在其他地方需要更长时间才可以实行的演变。③在科技史上,类似的例子当然更为明显。应用已经发明的技术不需要再投入创新技术所必需的时间。回到韩明士先生的例子，道士们借用"现成随手可得的模式"在新的市场环境上，表达出他们超越村巫的优势。

天地会就是类似的"历史折叠"。我们说不定真的可以在附近某处发现万提喜原来的祖庙。[①]但是，天地会之所以可以传播，不是因为有这个祖庙，而是因为参与拜会仪式的人普遍可以联想到异姓结拜的条件下，结拜者通过模拟前往"木杨城"参与祖庙的祭祀可以建立另类宗族。宗族制度的发展本身有多重的维度。多线传承的谱例发明于宋代，庶民在祠堂祭祖发端于明中期，但是广泛推展大概还是清初到清中叶的发展。至嘉道年间，在仪式之中前往"木杨城"祖庙的民众大概已经知道祠堂祭祖是怎么一回事。咸丰、同治年的马来半岛槟榔屿更已经建立了当地移民大姓的祠堂。在时间上，嘉道年间清朝弱势显露，天地会出现在想象的宗族（也可以说虚拟的宗族，但是绝大部分宗族都是虚拟的）普及化之时，就是宗族的"历史折叠"。只有有祖先多系后裔祭祀的概念，在某处祠堂拜祭祖先的人们才可以假设在其他的地方、其他的环境，还有类似他们/她们的祠堂与祖先拜祭。宗族在逻辑上就是个网络。再进一步来说，异姓结拜的虚拟宗族既然是违法的，所以只可以在秘密的维持之下产生，秘密维持的虚拟宗族（清朝的"结会"或"结社"）又成为一种典型，随后"折叠"到哥老会的情境之下。宗族、天地会、哥老会的发展就是一种"历史折叠"的历史过程。我们这样思考，并不意味着这些思想上的架构没有它的实体作用。我们这样讨论，是希望明白为什么虚拟的架构得到广泛的接受。

二、历史人类学与礼仪的探讨

虚拟的架构往往是认同的部分，但是认同牢牢捆绑在感情之上，表达在礼仪之中，并非理性的文字论述。对历史学者而言，如何共情？这个要求很致命。历史学者习惯以文献资料探究礼仪，例如宗教的仪式。这个取向本来没有什么不妥。但是，文献材料对仪式的教条记录得多，对于仪式实在怎样举行着墨甚少。人类学学者研究仪式则有其优势。他们/她们以观察仪式的活动为主。在本书第三章讨论拜会的仪式时候，有鉴于此，我们分别讨论口供显示的拜会活动和传会人所拥有的文书（"会簿"）所记录的仪式。

我们之所以这样做是受了法国年鉴学派泰斗勒高夫（Jacques Le Goff）的影响。我们在此也借鉴他的文章。勒高夫的《附庸礼仪的符号》是典范之作。⑤人身依附是欧洲中古封建制度下的关键人际关系。通过附庸的仪式，有些人可以成为其他人的臣仆。勒高夫从三方面探讨这些仪式：说话、动作和物件。文章的第一个部分简单介绍这三方面的活动。有人说这个仪式是附庸的仪式，动作包括主仆合手和嘴对嘴的接吻，物件包括代表土地、权力与切断的工具。第二部分把仪式的描述带到"系统"之中。说的话、做的动作、用的物件，合起来组成一套系统，其中代表了凝固了主仆两者的不平等关系，两者之间"通了气"，然后通过贡品和封敕建立了两者的协议。第三部分讨论这个仪式在时间与空间上的发展。勒高夫承认在时间和空间的变化上，还是需要很多研究加以补充，所以他主要列出所需的研究方向。可以说，他的文章在某一方面包括了他对于年鉴学学派祖师之一布洛赫(Marc Bloch)的批评。布洛赫在他有关欧洲封建制度的成名作中把附庸礼仪追溯到罗马帝国崩溃后所谓入侵民族的族群制度。勒高夫认为这种所谓来源的论点不重要，更重要的是了解附庸礼仪在十世纪后的创新。在所谓"和平"运动的开始，就是十字军出现的年代，武士阶层出现了"自我认同"(self-consciousness)。他特别指出附庸仪式的公开性和仪式举行的环境，他更希望可以跨文化地进行仪式的比较。

对我们而言，这篇文章的作用在于把制度研究的重点，从看重来源转移到看重创新。正如他曾指出的那样，附庸仪式的很多符号都可以追到更早的来源。但是，制度的承传有赖于不断地创新。从制度创新的演变，历史学者更可以触摸历史的发展。

勒高夫是历史人类学研究的倡导者。我们多年来也致力于历史人类学的取向，响应与号召田野、文献相合。诚然，文字记录文明，固然重要，但是在人类的生活中，文字也只是媒介表达之一种，历史还呈现在艺术、建筑、仪式、衣着、说话等无数的表达媒介之中。正如勒高夫的文章所显示的这样，我们认为历史研究者的工作，不止是从文献的字面意义去刻画历史的过程，更需要用田野的眼光去阅读文献。历史学者"回到历史现场"，既要将文字材料放回到文字可能记录的限度之内，又要考虑文字记录以外可能发生的种种。秘密就是这种种事情的一种。天地会和哥老会的秘密就是拜会仪式里的一个环节。这不是说秘密不重要。没有秘密，天地会不能拜会，哥老会不能"放票"。然而，归根究底，既然是仪式的一个环节，天地会和哥老会的秘密就是没有秘密。

请您不要说出去，好吗？

注 释

① Georg Simmel, *The Sociology of Georg Simmel*, p. 346.

② 韩明士著，皮庆生译：《道与庶道：宋代以来的道教，民间信仰和神明模式》，224 页，南京，江苏人民出版社，2007。根据原著略有修改。

③ 赵世瑜：《历史过程的"折叠"与"拉伸"——社的存续、变身及其在中国史研究中的意义》，1～14 页，载《清华大学学报》，2020(2)。

④ 秦宝琦：《福建云霄高溪——天地会的发祥地》，36～46 页，载《清史研究》，1993(3)。

⑤ Jacques le Goff, "The symbolic ritual of vassalage," in Jacques le Goff, *Time*, *Work*, *and Culture in the Middle Ages*, translated by Arthur Goldhammer, Chicago: The University of Chicago Press, 1980, pp. 237-287.

图书在版编目(CIP)数据

秘密社会的秘密：清代的天地会与哥老会/贺喜，科大卫著.—北京：北京师范大学出版社，2022.1(2023.3重印)
（历史人类学小丛书）
ISBN 978-7-303-27621-9

Ⅰ.①秘… Ⅱ.①贺… ②科… Ⅲ.①天地会—研究 ②哥老会—研究 Ⅳ.①K254.420.7

中国版本图书馆 CIP 数据核字(2021)第 276291 号

营　销　中　心　电　话
北 京 师 范 大 学 出 版 社　010-58805385
新 史 学 策 划 部

MIMISHEHUI DE MIMI
出版发行：北京师范大学出版社　www.bnup.com
　　　　　北京市西城区新街口外大街 12-3 号
　　　　　邮政编码：100088
印　　刷：北京盛通印刷股份有限公司
经　　销：全国新华书店
开　　本：890 mm×1240 mm　1/32
印　　张：8.875
字　　数：108 千字
版　　次：2022 年 1 月第 1 版
印　　次：2023 年 3 月第 2 次印刷
定　　价：49.00 元

策划编辑：宋旭景　　　　　责任编辑：宋旭景
美术编辑：王齐云　　　　　装帧设计：王齐云
责任校对：王志远　　　　　责任印制：陈　涛　赵　龙